認知覺醒：發掘天命內驅力的能量之旅

林文欣／著

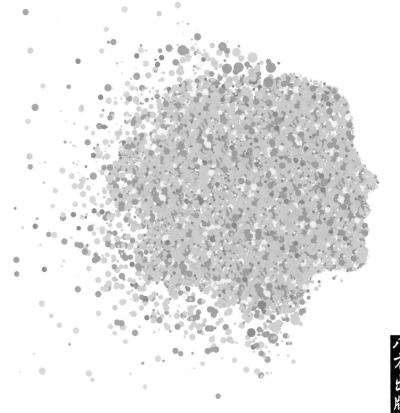

八方出版

PROLOGUE 名人推薦

靈性探索與生命解密領域的頂尖著作

　　林文欣老師是我最敬重的靈性探索領域的頂尖作家，老師的每一本實體著作、電子書、乃至於每一篇網誌與影片作品，都是我所重視而一直追著文欣老師學習的珍貴內容。

　　從《生命解碼：從量子物理、數學演算，探索人類意識創造宇宙的生命真相》、《生命解碼：啟航宇宙尋根之旅》、到《量子力學與混沌理論的人生十二堂課》這三部文欣老師透過古今中外、文史科研、縱橫寰宇、合一宇宙等多重構面來全面向地精心匯聚、梳理、整合、思辨思考並融合實際實務與現實環境等，進行全面貫通，而讓我們得以從三本著作中獲得極為全面客觀的宇宙觀。我則更進一步參加了文欣老師的實體課程，其中的學習讓我更敬佩文欣老師對於靈性探索與生命解密的全面性觀點。課程中老師所給予的龐大資訊量與智慧傳遞，讓人覺得課程時間再多也不夠。而老師科學與哲人智慧並具的思維高度，也讓我學習到一種思想家風範的成功型態，是讓我深深敬佩的師長先達。

　　本著作《認知覺醒：發掘天命內驅力的能量之旅》，是文欣老師在前述三本鉅著之後，所推出的一本超越想像的智慧湧現之作。在這本著作中，文欣老師以深邃的洞察力和獨特的觸覺，帶領讀者進入一個神奇而未知的內在世界。通過對需求與成長理論、天命與內驅力、自我實現的潛能等主題，以具架構性且全面性地進行了廣博而深層的探索，不僅直接帶領我們直上靈性探究最前沿思潮，更透過文欣老師超維智者深思的詮釋，揭示了我們內心深處的力量和潛能，讓我們重新認識自己的價值和使命。閱讀這本著作不僅是一次認知的覺醒，更是一次心靈的獨特

旅程，除了給予我們靈性上的豐盛，也教導我們如何豐盛生命。

　　作為文欣老師多年的摯友，我為他能夠創作出如此珍貴的作品感到驕傲和激動之外，還有著更多的讚歎，書本中的內容與蘊含的智慧絕非常人所能憑藉大量閱讀與思考而得。對我而言，老師對於世人們所探求真理的見解，則直接跳越了我十多年來對於靈性探索與生命解密的一般性理解框架；而我在近兩三年從佛陀智慧中習得、卻不知如何以文獻探求與文字表達的內容，也在老師此本著作中得到了顯化與開顯。老師仍然一直在指引我們向靈性探索與生命解密之路前行，持續在網誌中為我們指點老師最新的洞見思維與智慧湧現。

　　我也因而深信這本書將為每一個讀者帶來獨特而深刻的體驗，啟發我們發現和釋放內心的力量。無論你身處何地、無論你的人生階段如何，這本書都會成為你探索內在世界的指南，讓你在認知覺醒的旅程中找到真正屬於自己的天命內驅力。

　　本書無疑是靈性探索與生命解密領域的頂尖著作，我向多位一樣對於追求靈性探索與生命解密有熱情的行者與友人，大力推薦了文欣老師的所有著作，本書我會更加特別推薦給他們，當然如果能先細細咀嚼過文欣老師的三本鉅作，那更能理解本書自文欣老師智慧積累實在得來不易，更珍貴的則是老師的創作仍然持續在不停地進行中，我建議我們都應該對文欣老師的最新發表持續保持關注。

　　而對於剛開始追求靈性探索與生命解密之路的朋友，在開始的道路上，如果能夠先閱讀過包含本書在內的所有文欣老師的作品，那恭喜您們，相較於進行了十多年探索旅程的我自己，您們已經走在最棒的一條路上。

李光斌／

夏恩國際教育集團總經理、國立陽明交通大學產業加速器暨專利開發策略中心共同計畫主持人、國立臺灣大學電機資訊學院生醫電子與資訊學研究所與電機工程學系暨研究所兼任助理教授

在這本書中，文欣以深邃的洞察力和獨特的觸覺，帶領讀者進入了一個神奇而未知的內在世界。 透過對需求與成長理論、天命與內驅力、自我實現的潛能等主題的探索，揭示了我們內心深處的力量和潛能，讓我們重新認識自己的價值和使命。 這本書不僅是一次認知的覺醒，更是一次心靈的獨特旅程。在文欣的引領下，我們探索了絕對精神的力量，體驗了力量意志的超越，深入探索了存在主義的意義，感受到了意義療癒的信念，暢遊於心流狀態的奇妙體驗，最終解放了內在的天賦能量。作為文欣多年的摯友，我為他能夠創作出如此珍貴的作品而感到驕傲和激動。這本書將為每一個讀者帶來獨特而深刻的體驗，啟發我們發現和釋放內心的力量。無論你身處何地，無論你的人生階段如何，這本書都會成為你探索內在世界的指南，讓你在認知覺醒的旅程中找到真正屬於自己的天命內驅力。

李寶民／

曾任北京九五資訊總裁 美國俄亥俄州立大學系統工程博士

這是一本引人入勝的著作，將您帶入充滿啟發與追尋的旅程。林文欣以其管理科學專業背景、對東西方哲學和物理學的熱情，以及對生命意義的深刻思考，深入探索了天命的意義及其內驅力。這股天命內驅力是我們與生俱來的禮物，蘊含著潛能和力量，推動我們超越自我、實現更有意義的人生。

章文樑／

退休資深外交官 久駐歐美大使

宇宙法則的設計是如此：

所有的悲劇與痛苦

都根源於人類的認知偏差。

而智慧與幸福的本質只能從認知偏差開始，

在逆境與痛苦中不斷反思、糾錯和調整，

最終才能成長到智慧的彼岸。

如果沒有天命，

一切都會顯得非常荒謬，

失去了人生的意義。

何謂正念、轉念？何謂建立正確的心態與信念？

就是在認知覺醒後

把「宿命觀」轉化成「天命觀」

我們要用

無私的天命與本性

超越

自私的宿命與人性

CONTENTS 目錄

認知覺醒：發掘天命內驅力的能量之旅

引言：踏上天命內驅力之旅的序曲

我們將引領讀者進入這趟令人興奮的旅程序曲，引言將為我們之後的探索奠定基礎，讓我們意識到天命內驅力的重要性，並激發對自我發現和成長的渴望。

人有兩次生命的誕生，一次是你肉體出生，一次是你靈魂覺醒。
當你覺醒時，你將不再尋找愛，而是成為愛，創造愛！
當你覺醒時，你才開始真實地、真正地活著！

尋找天命的終極目標，在於找到人生的意義與使命，
發現天賦讓人感到真實而深層的快樂，
而快樂與意義的結合，會讓人感到更幸福。

——肯·羅賓森爵士

「不論遭遇多大的困難，只要內心有足夠的內驅力，我們就能夠超越自我，達到無法想像的成就。」

——埃隆·馬斯克

在我們的生活中，成功的故事總是引人入勝且令人著迷。成功的人們似乎擁有一種超乎尋常的力量，能夠克服逆境、實現卓越，並在他們所追求的領域中取得非凡的成就。然而，當我們深入研究這些成功的故事時，我們會發現其中一個共同的關鍵因素，那就是「內驅力」。

內驅力，作為一種內在的動力和動機，推動著人們不斷追求成長、實現自己的潛能，並超越自我。內驅力的力量可以是驚人的，它能夠啟發我們追求夢想、克服困難，並達到我們認為不可能的目標。

在這本書中，我們將進一步探索內驅力的奧秘，並帶領讀者進行一次關於發現和發展內在驅力的能量之旅。這是一本關於自我覺醒、成長和啟迪的書籍，旨在幫助讀者深入了解內驅力的力量，並激發他們實現個人目標和意義的能力。

讓我們先以一個富有啟發性的例子開始。埃隆・馬斯克（Elon Musk），作為當今世界上最知名的企業家和創新者之一，他的成功令人矚目。無論是特斯拉、SpaceX、SolarCity、Neuralink 還是 OpenAI，馬斯克總是能夠超越界限，創造出顛覆性的創新。然而，在他的言論中，馬斯克指出自己成功的關鍵是「內驅力」，並強調世界上最可怕的事情之一是孩子缺乏內驅力。他認為缺乏內驅力的人可能會面臨困難，無法找到自我動機並實現自己的潛力。因此，他對於培養內驅力的重要性深感關切，特別關注孩子的內驅力發展。

本書旨在探索內驅力的奧秘，並引導讀者進行一次關於發現和發展內在驅力的能量之旅。我們將深入探討需求與成長的理論、內驅力與天命的關聯、自我實現的潛能、絕對精神的影響、力量意志的超越、存在主義的探索、意義療癒的信念、心流狀態的體驗，以及解放天賦的力量

等主題。同時,我們將提供實際的策略和方法,幫助讀者發現自我、培養內驅力,並在逆境中持續成長。

同時也鼓勵讀者探索內驅力的深層意義,並啟發與發現自己內在的能量和動力。透過這場智慧之旅,希望能夠激發讀者的思考,幫助他們建立自我認識,並開啟一個全新的成長旅程。

在閱讀本書的過程中,請保持開放的心態並將所學應用於日常生活中。發現內驅力的旅程並不容易,但它將成為你實現夢想和追求卓越的基石。讓我們一同踏上這場「認知覺醒」的旅程,發掘內驅力的力量,並啟發我們實現個人目標和意義的無限能量。

天命、自我實現、內驅力以及天命內驅力是哲學和心理學領域中的重要概念,它們關乎個體的生命意義、目標追求和內在動力。在探索人類存在與成長的過程中,許多哲學家和學者關注和研究這些議題,旨在幫助我們理解個體的內在需求和追求:

1.天命:天命是指個體在生命中註定的命運或使命。它暗示著個體在這個世界上**有一個特定的「目的」或「角色」**,需要發現並實現。

2.自我實現:自我實現指個體充分發展和發揮自身潛能,**實現自己的能力和目標**,達到最高的成就和幸福。這是一個持續的過程,個體透過追求個人成長和追求卓越,尋找生活的意義和目標,實現自己的真正潛能。

3.內驅力:內驅力指個體內部的動機和推動力,促使個體追求目標和實現自我。它是個體內在的動力源泉,驅使著個體行動和成長。內驅力可以表現為**渴望、動機、熱情、意志力**等內在的激勵力,推動個體能夠自

動自發的不斷追求自己的目標和追求。

4.天命內驅力：天命內驅力是指個體內在的動力和推動力，與個體的天命相關聯。它是**個體追求天命和自我實現的內在動力**，驅使個體探索自己的使命和目的，發現並發揮自身的潛能。天命內驅力激勵個體超越因果與常規、追求意義和目標，實現真正的自我和天命。

在本書中，我們將深入探討這些概念的意義和相互關係。我們將探索哲學家、心理學家以及其他學者的思想，從不同的角度和學術領域來理解天命、自我實現、內驅力以及天命內驅力對個體成長和幸福的重要性。

我深信每個人都擁有內在的驅力和潛能，只需要正確的引導和培養，便能發掘自身的力量，實現個人的願景和目標。透過這本書，我希望能夠啟發你們發掘自己的內驅力，並進一步認識自己的價值、熱情和目的。我也希望能夠提供實用的工具和策略，幫助你們克服困難，持續成長，並在人生的旅程中找到更多的意義和滿足。

在寫這本書的過程中，我也深深體會到內驅力的力量。這是一個挑戰性的旅程，需要深入研究和不斷的反思，但每一個探索的階段都為我帶來了新的啟示和成長。我希望能夠與你們分享這些心得和經驗，並成為一個啟發和引導你們踏上內驅力之旅的指南。

我希望這本書能夠成為一個啟發和鼓勵的工具，激發你們追求夢想、實現自己潛力的勇氣和動力。我深信，當我們發現並激發自己的內在驅力時，我們能夠創造出令人驚嘆的成就，並為自己和他人帶來積極的改變。

謹向所有開始這場「認知覺醒」之旅的讀者們致以最誠摯的感謝和

祝福。願你們在這段旅程中獲得洞察力、成長和真正的自我實現。

讓我們一同踏上這場探索內驅力的旅程，發掘無限的能量，並成為真正自己的主人。

最後，我要感謝所有對這本書籍的創作和完成做出貢獻的人們，無論是家人、朋友、專業人士還是我的讀者們。沒有你們的支持和鼓勵，這本書不可能實現。

祝福你們旅途愉快！

林文欣

▶ *Part 1*
探索天命內驅力的奧秘

在第一部分裡，我們將深入探討天命內驅力的奧秘。從需求與成長理論的角度出發，我們將了解人類內在的渴望和追求，以及天命的概念及其與內驅力的關聯，探索如何發現自己獨特的天命並追求其實現。此外，我們還將探討絕對精神與意志力量的超越力，這些都是一種超越因果與常規的力量，驅使我們超越傳統價值觀和限制，追求更高層次的存在和意義。透過這些探索，我們將獲得關於天命內驅力的深入洞察，並啟發我們追求個人成長和實現的智慧。

天命是我們心靈深處的指南針，
引領我們走向屬於自己的道路。

幸福是我們一切行為的終極目標
而實現幸福與自我實現息息相關
那麼自我實現究竟意味著什麼？
它就是實踐我們內在的天命
什麼是真理？
真理即是每個生命個體的天命

幸福、自我實現與天命的緊密關係
形成了一股強大的力量：天命內驅力

一切都是最好的安排
一切都是上天的安排
一切都是自己的安排
那就是
選擇你的天命
成為你的初心
成為你應該成為的人
做你應該要做的事情
也就是
擅長、熱愛與專注的事

做自己與愛自己
你是天上的神佛與人間的英雄
不要枉費此生

第一章 | 需求與成長理論

What a man can be, he must be.

一個人能夠成為什麼樣的人，他必須成為什麼樣的人。

A musician must make music, an artist must paint, a poet must write if he is to be ultimately at peace with himself.

一位音樂家必須做音樂，一位藝術家必須繪畫，一位詩人必須寫作，這樣他最終才能與自己和平相處。

—Maslow 馬斯洛

在探索人類心靈世界的過程中，美國心理學家亞伯拉罕·馬斯洛（Abraham Harold Maslow；1908 年 4 月 1 日—1970 年 6 月 8 日）提出了一個引人入勝的理論，關於人類需求的層次結構和成長的過程。他的需求層次理論被廣泛應用，幫助我們了解人類內心的動機和追求。

根據馬斯洛的晚期需求層次理論，人類的需求可以分為七個層次，從基本的生理需求到最高層次的自我實現需求。這些需求按照一個層次結構排列，當較低層次的需求得到滿足時，我們才會追求更高層次的需求（如圖 1）。

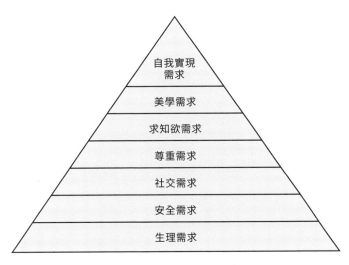

（圖 1）馬斯洛的七大需求理論。

　　第一層是「**生理需求**」的內驅力，包括食物、水、睡眠和性慾等基本的生存需求。這些需求是我們最基本的、最迫切的需求，如果未能滿足，會成為主導我們思想和行動的內驅力。

　　第二層是「**安全需求**」的內驅力，包括個人安全、身體健康、財務安全和居住安全等。當我們滿足了生理需求後，我們開始關注保護自己和獲得穩定的環境。這些需求使我們尋求安全感和穩定性，並成為我們內在的驅動力。

　　第三層是「**社交需求**」的內驅力，包括彼此的歸屬感、友誼、愛和社交互動。人類是社會性的動物，我們渴望與他人建立聯繫和關係，並獲得關愛和支持。這些社交需求影響我們尋求社交接觸和社會認同的內驅力。

第四層是「**尊重需求**」的內驅力，包括自尊和他人的尊重、成就感和自我價值的認同。當我們滿足了前三層的需求後，我們開始追求被他人認可和尊重，並努力實現個人的成就和自我價值。這種需求驅使著我們在職業和學術領域中追求成功，並努力獲得他人的讚賞和尊重。

第五層是「**求知欲或認知需求**」的內驅力，包括知識的追求、理解和探索世界的渴望。當我們滿足了前四層的需求後，我們開始尋求知識和智慧，並追求深入理解事物的本質和意義。這種需求推動著我們學習新事物，追求個人成長和智慧的提升。

第六層是「**美學需求**」的內驅力，包括對美的欣賞、藝術和美感的追求。當我們滿足了前五層的需求後，我們開始尋求美的體驗，並對藝術、音樂、文學等表現形式產生興趣。這種需求引導著我們追求美的享受，並在藝術和創造中找到心靈的滿足。

最高層是「**自我實現需求**」的內驅力，也被稱為「**天命內驅力**」。這是人類需求層次中最高尚且最具成就感的層次，也可稱為「**靈性需求**」的內驅力。當我們滿足了前六層的需求，並發展出自己的潛能和才能時，我們開始追求自我實現。這種需求內驅力驅使著我們探索自己的使命和目的，並將我們的才能和潛力用於追求個人成就和對社會的貢獻。

根據馬斯洛的需求層次理論，如果當前成長層次的需求沒有被滿足或一直停留在前一個較低層次，可能會對個人的心理和行為產生一些影響：

生理需求層次：如果一個人的生理需求（如食物、水、睡眠）沒有得到滿足，他們可能會感到飢餓、口渴、疲倦等身體不適，並且會尋求

滿足這些需求的方式。

安全需求層次：如果安全需求（如安全、穩定、保護）沒有被滿足，人們可能會感到焦慮、恐懼和不安全感。他們可能會尋求建立安全的環境和穩定的生活方式，以滿足這些需求。

社交需求層次：如果社交需求（如歸屬感、友誼、愛）沒有被滿足，個人可能會感到孤單、孤立和不被接納。他們可能會尋求與他人建立關係、參與社交活動以及建立支持網絡，以滿足這些需求。

尊重需求層次：如果尊重需求（如自尊、自信和他人的尊重）沒有被滿足，人們可能會感到自卑、無價值感和失去自信。他們可能會尋求獲得他人的承認、尊重和重視，並且可能會尋找能夠增強自尊心的機會。

求知欲需求層次：如果認知需求（如學習、探索、理解）沒有被滿足，個人可能會感到無聊、迷失和缺乏動力。他們可能會尋求知識、學習新事物、追求挑戰性的目標以滿足這些需求。

美學需求層次：如果美學需求（如美、藝術、創造性表達）沒有被滿足，人們可能會感到平淡、無聊和缺乏樂趣。他們可能會尋求欣賞藝術、追求美感和創造性表達，以滿足這些需求。

自我實現需求層次：如果自我實現需求（如發揮潛能、實現個人使命）沒有被滿足，個人可能會感到空虛、沒有目標和意義。他們可能會尋求發現自己的真正天命、追求個人靈性成長和實現自我潛能的機會，以實現這一層次的需求。

　　總之，如果一個人的需求在某一層次上沒有被滿足或停留在前一個較低的層次，可能會導致個人的不滿和不平衡。但也可能激發個人尋找滿足需求的方式，並努力達到更高層次的需求，以實現更全面的幸福和自我實現。

　　當我們開始啟動「天命內驅力」時，就稱為「認知覺醒」或「靈性覺醒」，此時我們就開始專注做自己、愛自己，同時也會相信自己、接納自己。

　　這七種需求內驅力共同支配著我們的意識活動，驅使著我們追求生活中的不同目標和意義。這種內驅力促使我們在生活中不斷成長、發展和追求更高的境界。

　　當我們缺乏認知覺醒時，意味著會對自己內在需求和動機的內驅力，缺乏敏感和理解。我們可能迷失於外在世界的追求中，無法真正深入了解自己的價值觀、目標和動機。這可能導致我們走在一條不符合內心需求的道路上，無法實現自己的真正潛能和目標。

　　其次，缺乏認知覺醒可能使我們容易受到外界的影響和操縱。我們可能追求他人的認可和社會的期望，而忽視了自己內心的聲音。這種情況下，我們可能迷失於外部的壓力、誘惑和欲望中，無法真正達到內心的平靜和滿足。

　　另外，缺乏認知覺醒可能導致我們感到迷茫和失去方向。我們可能不知道自己人生意義的天命是什麼，缺乏對生活的意義和目的的清晰認識。這可能使我們在人生的道路上感到迷茫和無所適從，無法找到自己

真正的目標和方向。

　　總體而言，缺乏認知覺醒和未走向天命的自我實現，會對我們的生活產生重大影響。我們可能無法真正實現自己的潛能，無法感受到內心的滿足和幸福。我們可能會感到困惑、失去方向，無法找到自己生活的意義和目的。因此，透過認知覺醒，我們能夠獲得更深層次的理解和自我實現，並燃起內心的熱情和動力，充分發揮天賦潛能的擅長之處。這將為我們的生活帶來更大的意義和充實感。

　　德國詩人赫曼‧赫塞（Hermann Hesse）說：「對每個人而言，真正的職責只有一個：找到自我。無論他的歸宿是詩人還是瘋子，是先知還是罪犯—這些其實和他無關，毫不重要。他的職責指使找到自己的命運—而不是他人的命運—然後在心中堅守其一生，全心全意，永不停息。所有其它的路都是不完整的，是人的逃避方式，是對大眾理想的懦弱回歸，是隨波逐流，是對內心的恐懼」。

　　赫曼‧赫塞在這段話中強調了個人的真正職責，那就是找到自己。他認為真正的成長和實現是透過找到自己的道路並堅守它，不受外界的干擾和誘惑，努力成為真正的自己。同時提醒人們要勇於追求自己的命運，發現自己的真正價值和目的，並且在這條路上堅持不懈。他鼓勵個人獨立思考，超越社會期望和群眾的理想，勇敢面對內心的真實和恐懼。**赫塞啟示我們重要的不是追求他人的期望和成功，而是追求自我實現和真正的自我。**

　　蘋果公司創辦人史蒂夫‧賈伯斯（Steve Jobs）說：「你的時間有限，不要浪費在活出別人的生活上。」

　　賈伯斯不斷地強調追隨自己內心的重要性。他提醒我們，我們的時間有限，不應該將其浪費在追求別人期望的生活或模仿他人的道路上。相反，我們應該**聆聽自己的內心聲音，找到自己的熱情、夢想和目標**，並勇敢地走出自己的道路。這樣才能真正活出屬於自己的精彩人生。

　　另外，我們也不能忽略「外驅力」在我們生活中的作用。外驅力是來自外部環境的激勵和刺激，可以包括獎勵、認可、競爭壓力等。外驅力與內驅力有著緊密的關聯，它可以作為一個推動力量，激發我們追求目標和實現成就。同時，外驅力也可以幫助我們建立良好的習慣和行為模式，提供外在的激勵和方向。

　　在馬斯洛的需求層次理論中，我們可以看到內驅力和外驅力的互動和影響。內驅力驅使我們去尋求自我實現和成長，而外驅力可以提供外在的激勵和目標，幫助我們更好的發揮內在的能力。

　　總結起來，馬斯洛的需求層次理論提供了一個框架來理解內驅力和外驅力對於個人成長和幸福的重要性。內驅力驅使我們去追求自我實現和潛能，而外驅力可以提供外在的激勵和方向。這兩者相互作用，共同推動我們的成長和發展。

　　然而，我們也需要明智地運用外驅力。外驅力可以是一個強大的動力，但它也可能成為我們的依賴和限制。過度依賴外部的認可和獎勵，可能使我們失去對內在需求的敏感，無法真正尋找到內心的目標和動機。因此，我們需要保持平衡，充分發揮內驅力的力量，同時善用外驅力的支持和鼓勵。

　　在這個認知覺醒的旅程中，我們將學習如何辨識和培養內驅力，並

運用外驅力來補充和支持我們的成長。我們將學會如何明確自己的目標和價值觀，並建立自我驅動的動力來實現這些目標。同時，我們也將學習如何善用外在的環境和資源，以更有效地達成我們的目標。

在這個過程中，我們將發現內驅力和外驅力之間的平衡和相互作用是關鍵所在。只有在**充分了解自己的內在需求和動機**的基礎上，我們才能更好地利用外部的激勵和環境，實現真正的個人成長和幸福。

根據馬斯洛的成長與需求理論，我們還可以將思想的境界，歸納成為認知的六大層次，而「認知」才是拉開人與人之間距離的關鍵。

真正主導我們的命運，其實就是我們的三觀：世界觀、價值觀與人生觀，其中最重要的就是世界觀，也就是我們的選擇。

我們選擇：
成為怎樣的人，
形成怎樣的思想，
創造怎樣的世界，
就決定了我們的人生走向與命運遭遇。

這麼重要的認知，幾乎大部分的人，可能一輩子都不知道，這也是人類最大的無知。

人生的自我定位與選擇，就稱為認知覺醒或是靈性覺醒，想要真正過著自己所熱愛的美好人生，世界觀的自我定位是最重要，也是開始踏出的第一步。我們必須盡快的反思自己究竟處在哪個階段，以及是否真心想改變自身的困惑與困境。

請不要錯看這個世界，也不要抱怨這個世界，因為世界是你的思想所創造的，你要為你的選擇而負責。

每個人思考的方式都不一樣，這是因為我們的思維停留在不同的認知層次上。其實，正是這些認知層次的差異，形成了我們與他人的距離。現在，我們要一起來認識思想境界的這六大認知層次。這些層次的理解將幫助我們了解，為何有些人能在生活中，展現驚人的韌性和創新，並且過得輕鬆自如，而另一些人卻似乎一直在掙扎，並過得十分艱辛。

一、第一層次是「環境」

處在這一層的人將他們的處境歸咎於外在環境。他們經常抱怨自己的困境，將問題歸咎於事物的外部，比如他們的上司、經濟環境，甚至是天氣。例如，一位在這一層的人可能會說：因為我來自一個出身不好的家庭，這就是我無法獲得更好教育和機會的原因。

二、第二層次是「行為」

在這一層的人認為，他們可以透過主動改變自己的行為與習慣來改變結果。他們會嘗試不同的方法，以尋找可以改變環境的最佳行為。比如提早起床，希望藉此增加工作時間。然而，如果他內心不相信自己能完成工作，或缺乏完成任務的必要技能，僅改變起床時間可能無法帶來長期的效果。他可能短暫的有所改善，但未解決問題根源的他，最終可能會回到原本的模式。

三、第三層次是「能力」

這一層次的人認識到，僅改變行為是不夠的，還需要提升自身的技能和能力。他們認為，成功的關鍵在於提升自我，而非改變環境或行為。

例如，他們可能會花時間學習新的技能，或者找尋方式提升現有的能力。但是他們只信賴自己的力量，單槍匹馬，可能會因為過度信任自己的專業技能，而忽視了其他重要的能力如溝通或領導能力。

接著，我們進入到思維層次的上半部，也就是成功人士常常處於的區域。

四、第四層次是「信念」

這一層次的人認識到，信念可以深刻影響我們的行為和能力。他們深知信念的力量，並透過改變信念來實現重大的生活改變。比如一位總經理，他堅信只有不斷地學習和創新，他的公司才能在競爭激烈的市場中立足。

五、第五層次是「身份」

在這一層次的人非常清楚他們是誰，並且有明確的生活目標。他們是生活的創造者，而非被生活所塑造的人。他們知道他們想要成為什麼樣的人，並會不斷地努力以達成目標。比如一位想要成為成功商人的人，他會全心投入研究市場，尋求商機。

六、第六層次是「靈性」，也就是「天命內驅力」

這裡的人已經超越了自我，他們看到了自己與整個宇宙的聯繫，並認識到他們的行為不僅影響自己，也影響整個世界。

他們為了實現更高目標的願景而生活，而這個願景超越了自我，也超越了物質世界。例如，一位環保主義者，他不僅為了自身的利益，而是為了整個地球的生態健康而努力。

　　我們所探討的思維六大認知層次，都是生活中不可或缺的部分，並塑造著我們的現實。當我們深刻理解這些層次的過程中，就能找到新的視角和動力，如此才能使得生活更加充實和有意義。

第二章｜天命與其內驅力

吾十有五而志于學，三十而立，四十而不惑，五十而知天命，六十而耳順，七十而從心所欲，不踰矩。

—孔子

昔之得一者，天得一以清，地得一以寧，神得一以靈，谷得一以盈，萬物得一以生，侯王得一以為天下貞（意指宇宙萬物皆遵從天命）。

—道德經

天命，是每個人生命中的一個神聖指引，引領著我們走向自我實現和終極目的的道路。也是我們與宇宙之間的連結，代表著我們在這個世界上的使命和貢獻。

發現並追求天命是一個內心深處的旅程，要勇敢的面對自己的內在真實，並超越外界的期望和限制。這是一個探索自我的過程，透過尋找自己的獨特價值和天賦，我們才能找到屬於自己的天命。

追求天命需要勇氣和毅力，但當我們與天命相遇時，我們將發現生命的真正意義，並為之努力奮鬥。在這個旅程中，我們要**保持開放的心**

態，接受挑戰和逆境，因為這些是我們成長和發展的機會。

每個人的天命都是獨一無二的，沒有人可以決定你的天命，只有你自己可以探索和實現它。所以，我們要勇敢的踏上發現天命的旅程，活出自己真實的存在，並將自己的獨特之處奉獻給這個世界。

人類自古以來就對於存在的意義和目的感到好奇和追求。在這個廣闊而神秘的宇宙中，人們不斷尋求著超越個人的意義和目標，希望能夠連結到更大的力量和智慧。這種力量被稱為「天命」。

天命感知是人類對於存在的深刻感知，認識到有一股上帝或上天的意志力量存在於宇宙中，這股力量超越個人和個體，將人們聯繫在一起。

天命代表著每個人在這個世界上所擁有的獨特使命和目的。它是我們與生俱來的天賦和才能的體現，以及我們在這個世界上所要實現的目標和貢獻。天命是我們生命的指南針，激發著我們的內在動力和渴望，推動我們追求更高的成就和實現自己的潛能。

各個哲學家和思想家都試圖從不同的角度解釋和理解天命，並提供了各自的觀點和解釋：

一、 孔子的天命

孔子認為天命是人生的使命和目的。他相信每個人來到世上都有自己的天命，要根據天命去追求個人的成就和貢獻。孔子主張透過道德修養和正確行為來實現天命。

二、老子的天道

老子認為天命是宇宙的自然法則和「道」的運行。他主張人類應該遵從天命的道，追求自然的平衡和和諧，回歸自然的本性。他認為透過順應天命，人類可以實現內心的寧靜和反璞歸真。

三、六祖慧能的自性（中國禪宗）

慧能認為「本自具足」的自性，是每個人在其自身中，就具備有的天賦和潛能，包括達到覺悟和開悟的能力。他認為每個人都有靈性覺醒的實現潛力，並透過禪修和直接體驗自性來實現這種天命。

四、柏拉圖的理念

柏拉圖認為理念是超越感官世界的永恆真理和完美形式。他相信人的靈魂與理念世界相聯繫，透過追求智慧和真理，人可以實現自己的天命理念和超越自我。

五、亞里士多德的「目的因」

亞里士多德認為「目的因」是事物存在和運行的原因。他主張每個事物都有其目的和最高的實現方式，人的目的在於達到幸福和自我實現。亞里士多德認為人要透過「實踐」個人品德和道德行為來實現自己的「目的因」，而幸福是至善的終極目標。

六、黑格爾的絕對精神

黑格爾認為絕對精神是超越個人的永恆與絕對的意識和存在。他主張個體與絕對精神相互作用，透過歷史和社會的發展來實現自我。絕對精神體現在社會制度、文化價值觀念和個人的自我認識中。

七、海德格的存在

海德格將天命視為人類存在的核心，他強調個人透過理解和面對自己的存在，從而發現和實現自己的天命。他認為天命是一種個體化的運動，要求我們在現實世界中真實的活出自己地存在。

八、康德的自由意志

康德認為天命是一種超越個人意願和欲望的普遍道德法則。他主張人類內在具有道德律法的能力，並強調遵從這種道德律法是實現天命的關鍵。

九、叔本華的意志

叔本華認為天命是一種永恆與絕對的意志力量，它賦予人類生命的意義和目的。他主張人類的行動受到這種意志力量的驅使，並認為人類透過順從這種意志力量來實現自我。

綜合以上思想家與哲學家的觀點，可以看到天命、天道、自性、理念、目的因、絕對精神、存在和意志都是探討人的存在和自我實現的概念。它們都強調個體的獨特性和價值，以及個人與世界的關係。天命指向人生的使命和目的，自性說明天賦潛能的完整性、理念代表超越感官世界的真理和完美，天道與「目的因」是事物存在和運行的原因，絕對精神體現在永恆與絕對的意識和存在中，而意志則強調個人的自主性和上帝（上天）意旨的自由意志。

這些觀點都關注個人尋找和實現自我潛能的過程，以及人與宇宙之間的相互關係。它們提供了不同的理解框架和道德指引，鼓勵人們發展內在的內驅力，追求個人的成長和自我實現。這些觀點也強調個人的責任和選擇，要根據自己的價值觀和信念去塑造自己的人生，實現真正的

幸福和意義。

內驅力是從內心深處湧現的動力和動機，它驅使著我們追求目標、實現夢想並克服困難。內驅力源於我們對個人成長和自我實現的渴望，它激發我們不斷學習、成長和超越自我。內驅力是我們內在的引擎，使我們能夠克服挑戰，保持動力並達到我們的目標。

天命內驅力則是將天命與內驅力相結合的狀態。當我們意識到自己的天命並激發內在的動力時，我們能夠更有目標的追求自我實現和成長。天命內驅力驅使著我們行動，讓我們更加堅定的朝著自己的使命和目的前進。它讓我們了解自己的價值和貢獻，並將這些價值和貢獻應用於實現個人的成就和社會的進步。

認知覺醒則在內驅力與天命的探索中扮演著重要的角色。它指的是我們對自己內在需求、價值觀和動機的覺察和理解。透過認知覺醒，我們能夠更清晰的認識自己的天命和內驅力，並深入了解自己的潛能和獨特價值。認知覺醒激勵著我們發現真正自己的宏偉目標和人生意義，並引導著我們朝著實現這些目標和意義的方向前進。

做自己是實現內驅力和天命的關鍵。當我們真正做自己時，我們與內心的聲音和價值觀保持一致，並將這種真實性投入到我們的行動和選擇中。做自己意味著不受他人的期望和社會的壓力所影響，而是忠於自己的天命和內在的驅動力。透過做自己，我們能夠發揮最真實和獨特的自我，實現個人的四感：使命感、責任感、成就感和充實感。

愛自己是發展內驅力和追尋天命的基礎。當我們愛自己時，我們對自己的價值和自尊心有著正面的認同和接納。愛自己讓我們更容易接受

自己的天賦和獨特性格，並以積極的態度對待自己的成長和發展。愛自己的過程中，我們學會關心自己的需求、照顧自己身心靈的健康與平衡，並培養出對自己的自信和自尊。這種愛自己的態度將成為內驅力和天命實現的強大支持，使我們能夠更好的追求個人幸福和成功。

總結起來，內驅力與天命密不可分，它們共同促使我們追求個人成長、實現自我潛能並追尋生活的意義和目標。透過認知覺醒、做自己和愛自己，我們能夠更清晰的認識自己的天命，激發內在的動力並實現個人幸福和成功。讓我們深入探索內驅力和天命的奧秘，並以積極的態度追求個人的成長和充實。

第三章│自我實現的潛能

Where the needs of the world and your talents cross, there lies your vocation.
當世界的需求與你的天賦相交時，那裡就是你的使命。

Happiness is the meaning and the purpose of life, the whole aim and end of human existence.
幸福是生命的意義和目的，是人類存在的整體目標和終點。

—Aristotle 亞里士多德

　　亞里士多德（Aristotle；西元前 384 年 6 月 19 日—前 322 年 3 月 7 日）是古希臘哲學家和學者，他的主要核心思想可以歸納成：

● **幸福是人類一切行為的終極目標。**
● **實現幸福與自我實現息息相關。**
● **自我實現就是實踐我們內在的天命。**
● **真理就是生命個體的天命。**
● **幸福、自我實現與天命的緊密關係，形成了一股強大的力量：天命內驅力。**

同時他也提出了一個關於**事物本質、形成和成長**的宇宙模型理論，稱為「四因說」。根據亞里士多德的觀點，每個事物的存在意義與目的、創造與形成、成長與發展，都可以解釋為四個因素的交互作用：

一、四因說與目的因

根據亞里士多德的四因說，一個事物的形成與發展，需要考慮以下四個因素：

1.物質因（肉體或載體）：這是指事物的物質組成或基本元素。物質因素描述了事物是由什麼材料或物質組成的。例如，一個雕像的物質因素可以是大理石或銅，生物體就是細胞與器官、外表顏色、皮膚材質等。

2.形式因（事物的本性）：這是指事物「原來面目」的特徵、形式或結構。形式因素描述了事物「本源」的形狀、組織或特徵。例如，一個雕像的形式因素，可以是人的形象或動物的形態或設計師腦海的概念；各種顏色馬的形式因素，都有一個無顏色、無大小、無材質等原來面目的共相形狀：如四條腿、一條尾巴、高壯身軀的結構等；鳥有鳥的形狀與其飛行本性、魚有魚的形狀與其游行本性等。萬物都有其獨特的本性。

3.動力因（創造的本質）：這是事物形成的原因或創造原理。創造因素解釋了事物形成的原因或創造原理。例如，將大理石雕刻為雕像的藝術家就是雕像的動力因；一部汽車能夠行駛的動力因，是具有引擎驅動的發動原理。找到創造原理就能創造該事物，找到形成原因就能徹底解決該問題。

4.目的因（存在的功能）：這是指事物形成與存在的「目的與意義」。目的因素描述了事物之所以會「被創造出來」與「存在目的和意義」，例如：牙刷會被製造出來，是用來健康牙齒之用，汽車是為了遠程運輸，房子是為了居住安全與舒適等。根據亞里士多德的觀點，**每個事物都有一個「內在的目的」**，並透過實現這個目的來兌現自我實現和潛能發展。

二、自我實現與無限潛能

亞里士多德認為，人類作為理性動物擁有獨特的「目的因」。**人類的目的是實現自己的潛能和追求卓越**，每個人都有一個獨特的天賦和能力，並透過達到這些能力的最高表現，來「自我實現」自己的目的。

這種自我實現是一種無限潛在的天賦能力，意味著我們可以不斷成長、發展和追求個人的卓越和完美，透過不斷的發揮天賦潛能和完成目標，我們可以實現身心的和諧，並達到真正的幸福感、成就感和滿足感。

要實現自我實現的無限潛能，亞里士多德提出了幾個關鍵觀點和原則：

首先，我們需要認識和了解自己的天賦和能力。這需要我們深入思考和觀察，發現自己的優點、擅長、興趣和熱情所在。通過對自己的真實本性的了解，我們能夠確定自己的目標和追求。

其次，我們需要設定具體、明確的目標和里程碑。這些目標應該是挑戰性的，能夠激發我們的潛能和能力。通過不斷的追求目標和實現成就，我們能夠不斷成長並發展自己的無限潛能。

同時，我們需要培養自律和毅力。達到自我實現的無限潛能，需要堅定的決心和持續的努力。逆境和困難可能會出現，但我們需要克服與超越它們並堅持不懈。自律和毅力能夠幫助我們克服困難，保持動力並實現我們的目標。

三、天命內驅力與自我實現

亞里士多德認為，天命內驅力是人們內在最高等級的動機和推動力，驅使我們去追求自我實現的目標和生活的意義。這種內驅力來自於我們的本性和潛能，以及對自己的真實需求和追求的渴望與動機。

每個人都擁有獨特的天命，也就是天賦與使命。這個天命是個體在世界上的使命和貢獻，而實現這個天命的關鍵在於自我實現。自我實現是一個人完全發揮自己潛力和能力的過程，使其達到內在的完美和幸福。這需要個體不斷的追求卓越和持續成長，發掘和發揮自己的潛能，並將其應用於實際的生活中。

自我實現和天命內驅力的關聯，在於個體透過追求真正重要的事物和目標，尋找生活的意義和價值。當我們與自己的天命相符合，並將自己的能力和熱情應用於追求這個目標時，我們會感受到一種內在的滿足和幸福。這種內在的滿足來自於實現自我和追求真正重要的事物的過程，而不僅僅是外在的成就和物質的追求。透過追求自我實現，我們能夠發現並實現自己的天命，同時，我們的天命內驅力也是推動我們完成自我實現的力量，激勵我們不斷追求個人成長和進步。

最終，我們可以發現：目的因就是天命，而天賦潛能則可以被視為實現天命的內在驅動力。

四、自我實現與幸福

亞里士多德認為，**幸福就是實現潛能，成為最好的自己。**他將**幸福視為人類最高尚的目標**，而自我實現則是實現這種幸福的關鍵。並將**幸福定義為一種完整而有意義的生活，其中包括身體的健康、精神的和諧、個人關係的豐富以及道德價值觀的實踐。**

幸福不是短暫的快樂或外在的物質享受，而是透過全面發展個人的潛能和追求卓越而獲得的。**自我實現是人們追求幸福的關鍵**，它涉到個人的成長、智慧的追求、品德的發展以及人際關係的良好建立。每個人都有獨特的天賦和能力，並通過達到這些能力的最高表現來完成自我實現和幸福。

亞里斯多德式的幸福：充分的運用天賦潛能追求自我，意思是**找到一個志向來實現潛能，同時努力修正自己的行為，以成為最好的自己。**

潛能就是我們存在的理由和目的，運用潛能去實踐幸福就是我們人生的意義。每個人都應該以自己最喜歡的天賦潛能，在某些事物上執行生活的樂趣，樂趣會讓生活更美好，進一步的讓人生更加美好，這也是所有人應該追求的目標：

1.更有樂趣的工作：我們要努力的發覺自己地天賦潛能，這樣才可以讓自己找到最富有樂趣和個人意義的工作，擁有更多幸福的工作時刻。

2.更有樂趣的生活：我們要努力地培養生活的品味，這樣才可以讓自己從事有益身心並且充滿樂趣的日常活動，擁有更多幸福的生活時刻。

3.追隨內心的天命，發揮天賦潛能的自我實現，這是人生意義的所在，也是幸福的源頭。

五、系統的目的因：天命、本性、功能、文學主題與產品的設計理念

宇宙的所有系統，「目的因」扮演著重要的角色。這些系統可以分為不同的類別，包括人類的天命、動植物的本性、以及文明產物的主題、功能與設計理念。

首先，人類作為宇宙系統的一部分，有著獨特的使命和需求。我們追求著自我實現和幸福，這成為了我們的目標和意義。我們設定目標、追求夢想，並努力發展我們的潛能，以實現自己的使命。這種內在的驅動力驅使著我們不斷成長、進步和超越。

同樣的，動植物也有著天生的使命和功能。動物的本性驅使著它們尋找食物、繁殖後代、維護自己的生存和物種的延續。植物則以其營養素和氧氣供應的功能，支持著整個生態系統的運作。這些使命和功能使得動植物能夠在生態鏈中發揮重要的角色，保持生態平衡和生物多樣性。

此外，文明的人造產物也有著其獨特的主題和設計理念。文學、電影、書籍和藝術等作品，以其獨特的「主題」和故事主軸，啟發人們思考與感動人心。同樣的，汽車、電子用品、建築和系統軟體等產品，都需要具有明確的功能、目的和設計理念，以滿足人們的需求和帶來便利。如果產品的設計理念或文學的主題，不符合消費者或讀者的需求，則會慘遭滑鐵盧。

　　總而言之，這些系統中的每一個都必須要有明確的目的因。無論是人類的使命與需求、動植物的本性與功能，還是文明產物的主題與設計理念，都需要有一個明確的目標或目的。**這些「目的因」提供了系統設計、創造和啟動的方向和意義，使每個元素、部件和部分都能夠共同協作，達到特定的功能和效果。**

　　因此，我們應該在規劃人生、研發產品和創新作品的過程中，最高優先與注重目的因或天命的存在意義，充分體現自己獨特的價值觀、產品設計理念與企業經營理念，並尋求確定和明確我們所追求的目標和意義。只有透過理解和運用目的因，我們才能創造出更具有意義和價值的作品、系統和人生。無論是個人生活中的目標設定、組織中的流程設計，還是社會中的法律制度，都需要有明確的目的因來指導和驅動。這樣，我們才能確保系統運行順利，並達到所期望的結果。

　　透過對宇宙系統目的因的深刻理解：天命是一種目的、使命、絕對理念、上帝意志等的第一因，也就是說：**沒有目的因，系統無法啟動，且毫無意義，我們都是帶著使命來到世上，透過自我實現來追求幸福，這是我們最高尚的目標。**

第四章 ┃ 絕對精神的力量

The history of the world is none other than the progress of the consciousness of freedom.
世界的歷史無非是自由意識的進步。

A nation has its hope only in its great individuals who gaze at the stars.
一個民族有一群仰望星空的人，他們才有希望。

He is his own purpose, he has in himself an infinite value, an eternal mission.
他是他自己本身的目的，他自身中有一種無限的價值、一種永恆的使命。

—黑格爾

　　德國哲學家黑格爾（Georg Wilhelm Friedrich Hegel；1770 年 8 月 27 日—1831 年 11 月 14 日）的「絕對精神」觀點提供了一個深入探索宇宙本質的框架，根據黑格爾的理論，**「絕對精神」超越了物質和精神的界限，存在於自然界和人類社會之前，是一種無形且永恆的存在，並賦予了一切事物的存在和意義**。他的理論跟老子「無名，天地之始；有名，萬物之母」的「天道」觀點，幾乎是如出一轍。

　　黑格爾認為，萬物心中有一個共同的「宇宙之神或萬物之母」創造了這世上一切的萬事萬物。**物質的、精神的事物都是從「事物本源」的「母體」所產生出來的，而且最後還都要回歸到母體裡**，西方哲學將老子的母體，稱為本體，也就是老子的本質與本性。

　　絕對精神是萬物最初的原因與內在的本質，先於自然界與人類社會永恆存在的實相，也就是在創世紀的宇宙大爆炸之前就存在。

　　世界上的一切事物與現象，都是絕對精神的外在表現的表象或假象。絕對精神最終必須完成認識自己的任務，達到了思想和存在的絕對統一，也就是老子的「天人合一」。所有在我們面前展現的事物，不僅包括人的精神意識活動，也包括山川河流、動植物與人類社會等，都是「絕對精神」自我展開、自我實現的結果。

　　絕對精神透過三個階段的發展，逐步實現自己的目的和使命，這個宇宙的最高意志，就是自我實現與天命內驅力的來源：

第一階段的「邏輯階段」：

　　是自然界、人類社會出現之前的階段，絕對精神在這個階段中，透過概念和範疇的轉化來表達自己，進而建構了事物的本質與本性，也就是母體的建構與初始值的設定，並成為萬事萬物永恆遵循的天道標準，中華文化稱為「初心」。在這一階段中，即存在、本質與概念之間的因果關係建構，並為宇宙法則的概念分析和邏輯推理，奠定基礎，也就是「天道」。

第二階段的「自然階段」：

在這個階段中，絕對精神開始轉化並顯現成自然界，並以感性的物質形式展現自己，透過物理和生物的規律來表達自身的存在。但是自然界的物質外殼（肉體或載體）卻同時束縛了內在絕對精神的自由發展。這個階段的進化分為機械性、物理性和有機性三個層次，在進入有機性之後，才有了人類的出現與產生了人類精神，此時，絕對精神的發展便進入到了精神階段。

第三階段的精神階段：

絕對精神在這個階段中，透過智慧的洞察力，超越了自然界的束縛，自我實現的回歸到自身，是其發展的最高階段。在這個階段，絕對精神達到了物質肉體、精神思想和母體存在的絕對統一，實現了自我認知和自我實現，超越了外在的表象、假象和限制，進一步深化了對事物本質的理解。透過借假修真、汰舊換新、去虛留實等正反合「辯證法」的智慧手法，直達萬物的真實本性（如圖 2）。

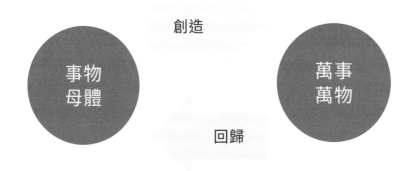

（圖 2）絕對精神與萬事萬物。

　　黑格爾的「正反合辯證法」與老子的「反者道之動」，都先後揭示了科學家所認定的至高無上宇宙法則：熱力學的熵增過程，認為**隨機混亂與無常挑戰是宇宙間最重要的規律，其目的就是為了激發天命內驅力，而這一切都是為了實現天命的自我實現。**

　　偉大數學家玻爾茲曼（Ludwig Eduard Boltzmann）說：「走向混亂無序充滿隨機的不確定，不是來自上層上帝的強迫力量，而是來自底層原子隨機的碰撞。由於原子的隨機碰撞，造成環境充滿不確定性，隨時都會有新的問題產生，借此不斷挑戰生命的思維，進而產生千變萬化及多彩多姿的現實世界。」看來不可捉摸的無常變化與挑戰，全是造物主精心設計，這一切都是為了人類的學習成長與自我實現。

　　絕對精神的三階段與自我實現的天命內驅力密切相關。絕對精神的觀念提醒我們超越自我，尋找自身的天命並追求其實現。天命是每個人來到世界上的目的和使命，而絕對精神激發我們發揮潛能、追求更高的目標和意義，鼓勵我們超越物質主義和虛假的追求，尋找真正屬於自己的天命和使命。透過與絕對精神的天人合一連結，我們能夠找到內在的指引和動力，追求成長、實現目標，並在實現天命的過程中獲得真正的幸福。

　　絕對精神的理念也提醒我們超越表面的追求和物質的滿足。我們生活在一個追求物質豐富和外在成功的社會中，但這些追求往往無法帶來真正的滿足和幸福。透過絕對精神的認識，我們能夠超越這些虛假的追求，尋找更深層次的意義和目標。我們的存在和目的超越了單純的物質需求，絕對精神的存在，能夠提醒我們追求更高層次的意義和目標。當我們與絕對精神連結並意識到自身的天命時，我們會感受到生活的深層意義和豐富性。

這種認知和連結的天人合一境界，會激發著我們內在的驅動力，而內驅力激勵著我們超越困難，追求成長和自我實現，這股能量是我們內在的火花，引導我們朝著自身的天命與夢想邁進。

當我們缺乏認知覺醒和對絕對精神的認識時，我們可能感到迷失、缺乏方向和目標。我們可能只追求物質的滿足和表面的成就，而忽視了自己內在的需求和天命的呼喚。這種缺乏認知覺醒的狀態可能導致我們感到空虛、失去意義和幸福的方向。

然而，透過對絕對精神的認識，我們能夠重拾內在的指引和重新發現自己的使命和目的。我們將明白自己是絕對精神的一部分，並與它相互聯繫。這種連結，就會激發著我們內在的驅動力，推動我們朝著自己的天命與夢想邁進。

透過絕對精神的理念，我們能夠超越物質主義和表面追求的限制，我們將學會區分虛假的追求和真正的內在價值，並將焦點轉向更深層次的成長和實現。

當我們開始走向靈性覺醒的旅程時，我們將經歷著內在的轉變和成長。我們將培養內驅力，激勵自己追求更高的目標，充分發揮自己的潛能。這個成長過程並非一帆風順，我們可能會面臨挑戰和逆境。然而，絕對精神的母體力量將成為我們堅持的動力，幫助我們克服困難並繼續向前。

透過與母體的連結，我們將發現生活是一種深層的心靈充實和意義的實現，這種幸福感源於對自己天命的實現，對自己潛能的發揮，以及對宇宙本質的理解。

　　絕對精神的母體呼喚，能讓我們走上一段令人振奮的旅程，探索內在的力量，實現天命的召喚。這是一個充滿成長和發現的過程，我們將重新連結自己的目的和意義，並追求個人的實現與幸福。

　　所以，不要停下腳步，讓我們繼續走在實現天命的道路上。這是一段引人注目且充滿意義的旅程，它能幫助我們發現內在的力量，實現我們真正的使命和目標。讓我們勇敢面對挑戰，相信自己的潛能，並通過與絕對精神的連結，追求更高的幸福和意義，並在實現天命的道路上一帆風順！

第五章 | 力量意志的超越

We should consider every day lost on which we have not danced at least once.
每一個不曾起舞的日子，都是對生命的辜負

Man is a bridge, not an end.
人是橋樑，而不是目的地。

You must shatter yourself to become the person you want to be.
你必須擊碎自己，才能成為你想要成為的人。

The Ubermensch is the goal of self-transcendence.
超人是自我超越的目標。

—尼采

　　弗里德里希·威廉·尼采（Friedrich Wilhelm Nietzsche；1844 年 10 月 15 日—1900 年 8 月 25 日）是一位具有重大影響力的德國哲學家，他對命運、自我超越和自我實現的主題提出了深刻的洞察。尼采強調個體的超越、自主和創造力，他的觀點對於理解以命運為驅動力的內在動機和追求自我實現具有獨特的貢獻。

尼采提出了許多重要的思想和理論，以下是尼采的主要思想：

一、超人

尼采認為人類應該超越傳統的道德和價值觀，追求超越人類平凡狀態的境界。他認為人類應該成為超人，通過個人意志的力量來塑造自己的命運和價值觀。尼采認為所謂的「強者」，不是物理上力量強大的人，而是具有創造自己強大力量的人，能夠樹立自己的價值觀並且實行，對自己的生存方式絲毫不感到後悔的人。他認為人們應該過著「最危險的人生、最能展現自己個性的人生、最能讓自己活力十足的人生。」，**別照著安全的路走，我們都該超越既有的價值觀與生活方式，創造出自己的價值。**

二、力量意志（Will to Power）

尼采將「人們想要使用自己力量的欲望」，稱為「力量意志」，他認為力量意志是一種本能的內驅力，它促使人類追求力量、支配和自我實現。他強調個體應該發展自己的力量意志，超越傳統的道德和制約，以實現個體的真正潛能。

三、個體的自由和創造力

尼采主張個體的自由和創造力，他認為傳統的道德和社會規範往往限制了個體的發展和創造力。他鼓勵人們超越傳統的束縛，發展自己獨特的個性和才能，成為不斷實現自我的人。

四、永劫回歸

尼采提出永劫回歸的概念，即宇宙的循環再生。他認為人們應該接受生命的無常和不確定性，並**以積極的態度面對每一刻的存在。**

五、主奴道德觀念的批判

尼采批判了傳統的主奴道德觀念，認為它們是對個體力量和創造力的壓制。他主張個體應該超越道德的束縛，以自己的意志和力量為指導行動。

尼采的思想對後世的哲學、文化和政治產生了重大影響。他對個體的自由、力量和創造力的強調，以及對傳統道德觀念的批判，為現代思想和個體解放的探索，提供了重要的思考和啟示。然而，尼采的思想也存在許多爭議和不同解讀，對於理解和解釋他的思想，是需要深入研究和辯論。

尼采的「力量意志」（Will to Power）強調個體的決斷和自主性，強調個體通過個人意志的力量來塑造自己的命運和價值觀，它關注個體對力量和支配的追求；而天命內驅力則強調個體與自身使命和命運的關聯，強調個體發現和實現自己的天命，並為之努力奮鬥，它關注個體對天命和潛能的追求。

所以我們需要注意到尼采的思想更強調個體的自主性和個人意志，而天命內驅力更強調個體與更大的宇宙力量和目的的聯繫。儘管兩者有一些相似之處，但也存在一些區別。

儘管尼采和天命內驅力的概念可能在某些方面存在差異，但在追求個人成長和意義方面，兩者都有相似的啟發，都是特別強調發揮自我潛能與自我實現。

尼采鼓勵個體超越傳統的限制，發現和發展自己的力量和激情。這種追求個體力量和激情的理念可以與天命內驅力的概念相聯繫。天命內

驅力強調個體與內在的目的和意義的聯繫，以及追求自我實現和發掘個
人潛能的重要性。

　　兩者相似之處的啟發是：個體應該尋找和追求與自己天命相關的使
命和目標。這意味著個體應該發現自己真正重要的事物，並為實現這些
事物而努力。無論是透過發展自己的潛能、追求個人成長，還是透過探
索自己與宇宙的聯繫，個體都可以追求屬於自己的天命。

　　在這個意義上，尼采的思想可以啟發個體去追求天命內驅力的理
念。雖然具體的概念和理論可能不同，但對個體追求個人使命和目標的
鼓勵是相似的。無論是透過力量意志、自主性還是與更大的宇宙力量的
母體聯繫，個體都可以尋找並追求屬於自己的天命。這種相似之處可以
啟發我們：

一、 內驅力的重要性

　　都強調個體內在的動力和驅動力。這表明我們內心深處有一種強大
的力量，可以激發我們去追求個人使命和實現潛能。我們應該意識到並
發掘這種內在動力的力量，並將其用於追求我們真正想要的事物。

二、 超越傳統限制

　　都鼓勵個體超越傳統的道德觀念和社會約束，尋求個人獨特性和自
我實現。這提醒我們不要被外界的期望和限制所束縛，而是要積極追求
我們內心真正重要的事物，發展自己的獨特性和潛能。

三、 追求個人使命

　　都強調個體追求個人使命的重要性。它們提醒我們要發現和實現自
己的天命，並為之努力奮鬥。我們應該對自己的目標和潛能有清晰的認

知，並透過努力和堅持不懈來追求它們。

　　活出精采的自己，就沒有別人眼中所謂的成功與否，畢竟每個人的天賦、使命、出身與環境都不一樣，上帝或上天設定了這麼多不同的角色與本性，這麼多的無常，當然不會僅用一套標準來衡量眾生。你是獨一無二的，就應該要走自己的路，不要受過去的你及他人看法的影響，不要受到限制你突破的陳舊信念所控制，不要被人際關係及金錢所牽絆。你是懷著使命及天賦來到世上，這是你創造你的幸福人生真正的目的，當然跟別人無關，一切都是自己的安排，一切也是最好的安排，一切都是上天的安排。**認識自己、相信自己、喜愛自己及活出自己，就是我們一生要學習的唯一課題。**

　　想要充分運用自己的能力，活出愉悅人生的人，無不是從一開始就靠自己去創造屬於自己的人生。這些做到的人，被尼采稱為「超人」，這是在尼采生活的十九世紀時使用的名稱，過了一世紀之後，我們可以這麼描述這樣的人，那就是：能夠不斷實現自我的人。就讓我們努力成為能稱得上是不斷實現自我的人吧！這是幸福與成就感的最好途徑。

第六章｜存在主義的探索

Being is what let all beings be.
讓所有小存在的眾生能夠存在的那個大存在。

「存在」是「存在者」的存在，存在者存在，是該「存在」能夠對其它「存在者」實施影響或相互影響的本源，也是能被其它有意識潛在「存在者」感知認識與決定利用的本源。

人是被拋入到這個世界的，他是能力有限、處於生死之間、對遭遇莫名其妙、在內心深處充滿掛念與憂懼而又微不足道的受造之物。這個受造之物對世界要照料，對問題要照顧，而自己本身則常有煩惱。處於眾人中，孤獨生活，失去自我，等待良心召喚，希望由此成為本身的存在。

—海德格

　　海德格（Martin Heidegger；1889 年 9 月 26 日—1976 年 5 月 26 日）是 20 世紀德國哲學家，他的存在主義思想對於我們理解人的存在和存在意義具有重要影響。在他的哲學體系中，他關注存在的本質，強調存在者的存在方式和存在意義。

　　在解釋存在主義和海德格的觀點時，我們需要明確「大我」的存在（Being）和「小我」的存在者（beings）之間的區別。

存在（Being）是指存在本身的概念，在西方稱為神、靈魂、高我、大我或超越者，它超越了任何具體的存在者。存在被視為一種抽象的、普遍、永恆與絕對的存在狀態，是一種無所不在、超越特定存在者的存在形式。存在超越了個體和物體的界限，代表著所有存在的本性和本質。在海德格的哲學中，存在是一個核心概念，探索存在的本性和存在者之間的關係。

存在者（beings）則是指具體的、個別的存在實體，也就是萬物眾生。存在者包括所有有形和無形的實體，包括人類、動物、植物、物體等等。存在者是存在的顯現、體現和具體化，是存在的具體表現形式。**每個「存在者」都有自己的「存在」方式和「存在」意義**，並受到周圍世界、社會和文化的影響。**存在者通過與存在的連結，獲得存在的實在性和意義。**

因此，存在（Being）是一種永恆、絕對與超越性的存在狀態，代表著存在的「本質」和「本性」；而存在者（beings）則是具體、個別的存在實體，是存在的具體表現形式。存在主義強調著存在者的存在意義和存在方式，並提醒我們思考存在的更深層次和價值。

海德格認為：Being is what let all beings be.（讓所有小存在的眾生能夠存在的那個大存在），我們活在世上是**「等待良心召喚，希望由此成為本身的存在」**，而良心召喚就是我們的天命內驅力，天命就是生命本身的本性或存在。我們的**人生目標就是成為應該成為的人，做應該做的事情**，這是我們一輩子應該為之奮鬥的天命。

首先，「存有論」是海德格哲學的核心概念之一。他認為存在是一個基本的現象，它讓所有具體存在者得以存在。「無形的存在」不僅指人類，也包括一切生命和非生命的存在形式（原來面目、本性、佛性），

這跟老子的「泛靈論」，都是如出一轍，海德格非常推崇老子，並曾經嘗試翻譯「道德經」，但未能成功。透過「存有論」，我們能夠超越表面的觀點，深入探究存在的本質、本性和存在者之間的關係。

一、向死而生

在海德格的哲學中，存在與死亡是密不可分的議題。他認為人類的存在與生命的有限性和死亡的不可避免性緊密相連，正是這種存在的終極限制給予了我們追求內在價值和天命的內在驅動力。

在存在主義中，「向死而生」（Being-toward-death）是一個關鍵概念。它指的是人類意識到自己有限生命的終結，並因此激勵著我們追求真正有意義的存在。海德格認為，**死亡的存在提醒我們生命的短暫性和珍貴性，鼓勵我們審視自己的價值觀和生活方式，以確保我們在有限的時間內達到真正意義的成就。**

這種存在的審視和向死而生的思考激發了天命內驅力的意志力。當我們正視死亡的存在，我們開始思考自己的價值觀、目標和生活的意義。我們不再將時間浪費在無關緊要的事情上，而是專注於追求我們真正重要與熱愛的事物。向死而生的思考使我們更加意識到自己的內在價值和天命，並激勵著我們追求自我實現和充分發揮潛能。

海德格的存在主義提醒我們不要逃避死亡的現實，而是積極面對它。這種正視死亡的勇氣和決心使我們更加堅定的追求內在的天命和意義。我們開始意識到生命是寶貴的，我們應該珍惜每一刻並追求自己真正想要的生活。

透過以下這些海德格的存在主義觀點，我們能夠重新評估自己的價值觀，並選擇過一種更加真實和有意義的生活：

1.存在的不安（Angst）：指的是當人們面對死亡和無常性時所感受到的焦慮和不安。這種不安感在一定程度上促使人們探索自我和世界，尋找真正有意義的存在方式。透過這種不安感的引導，人們可以更加真實的面對自己的恐懼和限制，勇敢的追求自我實現。

2.死亡（Death）：海德格指出，死亡是對現實世界生活的否定。當人面對死亡時，才會停止對世界的憂慮和擔心，從陷落中孤立出自己，成為真正的存在。死亡是屬於個人的事，他人無法替代，只能靠你自己體驗死亡。死亡是任何時候都可能發生的，人在什麼時候死亡，都是合理的，沒有規定你該活多久。人應隨時準備死亡。因此，海德格指出，人必須正視死亡，從恐懼中明白自己活著的重要性。為自己計劃未來時，必須包括死亡。人不該只是接受生命，而拒絕接受死亡。

3.真誠性（Authenticity）：它要求我們以真實和真誠的方式生活。真誠性意味著我們要正視自己的存在，接受自己的天命和存在意義，並將這些內在的驅動力轉化為實踐和行動。通過真誠性，我們能夠更加真實的活在當下，追求個人的自我實現和內在的滿足。

4.牽掛（Care）：它關注著我們對於自己和他人的關愛和關心。牽掛讓我們意識到我們與他人和世界的聯繫，並引導我們對他人和世界的關愛和責任感。透過牽掛，我們能夠超越自我的限制，關注他人的需要和幸福，並在關愛中找到生命的意義和價值。

5.周圍世界的存在（Being-in-the-world）：周圍世界包括我們所處的環境、社會和文化背景，它們與我們的存在相互關聯並影響著我們的思想和行為。透過對周圍世界的探索和理解，我們能夠更好的認識自己的存在，理解我們的天命內驅力，並找到實現自我和追求內在目標的方向。

二、天命內驅力與向死而生的關聯

在海德格的觀點中，天命內驅力與向死而生有著緊密的關聯。意識到死亡的存在激發了人們內在的驅動力，推動他們超越平凡和安逸，追求更高的目標和意義。內驅力使人們勇敢的面對恐懼和不確定性，並將生命的有限性轉化為動力和意義，進一步推動他們朝著真實的存在和自我實現的道路前進。

海德格認為，天命內驅力的發展需要人們對自己的存在進行深入的思考和反省。透過對死亡的思考，人們能夠更清楚的意識到生命的有限性，從而更加珍惜並充分利用現有的時間和資源。這種意識不僅激勵著人們追求個人成長和自我實現，還幫助他們選擇和追求與其內在價值觀和目標相符的生活方式。

天命內驅力和向死而生的關聯還體現在追求真實和自由的過程中。海德格認為，人們往往被社會、文化和他人的期待所束縛，無法真正活出自己。然而，意識到死亡的存在和天命內驅力的引導，可以幫助人們突破這種束縛，重新詮釋和重新定義自己的存在。人們可以通過對死亡的思考和內在的探索，發現真正屬於自己的價值和目標，並在這一基礎上自主的選擇和追求真實的生活。

總之，海德格的存在主義觀點，強調了對死亡的思考和活出真實生

命的重要性。他提出的「向死而生」的概念鼓勵人們意識到死亡的存在，並將其作為追求真實存在和自我實現的內驅力。

第七章 │ 意義療癒的信念

Man can find meaning in life, even in the most difficult circumstances, if he is able to love. I understood how a man who has nothing left in this world still may know bliss, be it only for a brief moment, in the contemplation of his beloved.

人類可以經由愛而得到救贖。我了解到一個在這世界上一無所有的人，仍有可能在冥想他所愛的人時嚐到幸福的感覺，即使是極短暫的一霎那。

Life is never made unbearable by circumstances, but only by lack of meaning and purpose.

讓人無法忍受的生活，從來不是因為環境，而是因為缺乏意義和目的。

Success is total self-acceptance.

成功是完全的自我接納。

Between stimulus and response, there is a space. In that space is our power to choose our response. In our response lies our growth and our freedom.

刺激和回應之間有個空間。空間裡是我們選擇回應方式的權力，而回應方式裡有我們的成長與自由。

—維克多·弗蘭克

在本章中，我們將探索維克多·弗蘭克（Viktor Emil Frankl；1905 年 3 月 26 日—1997 年 9 月 2 日）的意義心理學，這是一種關於人類追求意義和尋找生活目的的心理學觀點。弗蘭克爾是一位奧地利神經學家、精神病學家，維也納第三代心理治療學派的意義治療與存在主義分析（Existential Psychoanalysis）的創辦人，也是一位在納粹集中營中倖存下來的倖存者。他的經歷和觀察啟發了他對人類存在意義的思考。

意義心理學的核心概念之一是人類追求意義的意志。弗蘭克爾認為，人類最基本和原始的動機力量是尋找生活的意義和目的。他指出，當人們感到生活缺乏意義和目的時，他們可能會面臨著存在上的困惑和空虛感。

弗蘭克的意義心理學強調每個人都有一個尋求生命意義的內在驅動力。他認為人類不僅只追求快樂和欲望滿足，而是追求生命的目的和價值，並通過對意義的尋找和實現來完成自我實現。

弗蘭克提出了三個實現意義的途徑：

一、 創造性工作

透過在工作中投入自己的才能和努力，人們可以找到工作的意義和價值，並從中獲得滿足感和自我實現。

二、愛與關係

弗蘭克認為人與人之間的愛和關係對於尋求意義和實現個人的存在至關重要。與他人建立深刻的連結和關係能夠豐富人的生活，並提供支持和共同成長的機會。

三、 面對困難與挑戰

　　人生中充滿了困難、挑戰和苦難，而正確面對這些困難並賦予其意義是實現意義的重要途徑。通過接受挑戰並在困境中找到成長和學習的機會，人們可以超越痛苦，發現生命中的意義和價值。

　　在逆境中，尋找意義和目的成為人們堅持生存的關鍵。弗蘭克在納粹集中營的經歷中觀察到，那些能夠找到生活的意義和目的的人，無論困境有多大，都能夠在心靈上保持堅強和希望。他認為，人們可以通過尋找和實現自己的天命內驅力來找到意義，即通過發揮自己的潛能和才能，為社會做出貢獻，並體驗生活的豐富和充實。

　　意義心理學與天命內驅力密切相關。天命內驅力是指人們內心深處對於自己的目的和使命的追求。當人們發現並實現自己的天命內驅力時，他們能夠獲得生活的真正意義和目的。弗蘭克爾認為，意義心理學可以幫助人們發現自己的天命內驅力，並將其轉化為實際行動，從而實現個人的成長和自我實現。

弗蘭克的意義治療基於以下幾個原則：

一、 尋找生命的意義

　　治療的目標是幫助患者尋找生命的意義和價值，並幫助他們在困難中保持希望和目標。

二、 自我實現與成長

　　意義治療鼓勵個人發揮自己的潛能，追求自我實現和成長，並發展出他們獨特的生命意義。

三、 責任和自由

意義治療強調個人的責任和選擇自由。每個人都有能力選擇自己的態度和行為，並在困境中發揮自己的力量。

四、 現在的存在

意義治療關注當下的存在，強調人們要面對和接受當下的現實，並找到其中的意義和價值。

五、 與他人的連結

意義治療強調人與人之間的連結和關係，鼓勵個人在社會和人際關係中找到支持、理解和共享生命的意義。

意義心理學「信念」治療的影響：

一、 意義導向的輔導

弗蘭克的意義心理學對心理學和心理治療領域產生了深遠的影響。它提供了一個全新的觀點，使人們能夠看到人類存在的深層次需求和追求，並將其應用於個人發展和治療過程中。治療師能夠幫助他們轉變觀念，發展積極的生活態度，並找到自己內在的資源和解決問題的能力。在心理輔導中，意義心理學提供了一個框架，幫助個人探索和發展自己的價值觀、興趣和目標。輔導師通過與個人的對話和反思，引導他們深入思考生活的意義和目的，並找到適合自己的道路和方向。

二、 個人成長和幸福感

意義心理學提醒我們要思考自己的生命意義和價值，並尋找實現自我和幸福的途徑。它鼓勵我們發揮自己的才能和潛能，追求我們獨特的生命目標。當個人能夠反思並理解自己的價值觀與天命、追求自己的目

標並發揮自己的潛能時，他們就能夠體驗到更深層次的幸福和滿足感，並對生活感到更有意義。

三、「意義體系」的建構和追求

意義治療提供了一種以意義和目的為導向的方法。它幫助患者面對困難和挑戰，找到其中的意義和學習，並幫助他們建立積極的心態和應對策略。透過意義治療，患者可以重新連結自己的價值觀和生命意義，並找到克服心理困境的力量。**意義心理學鼓勵個人主動參與意義體系的建構和追求**。這包括探索自己的價值觀、天賦和興趣，並將它們與自己的生活結合起來，使生活更加有意義和充實。透過對意義體系的追求與建構，個人能夠建立自己的生活敘事，並在其中找到目標和方向。

在日常生活中，意義心理學提醒我們重視生活的真實價值和目的，並與他人建立有意義的關係。它鼓勵我們思考自己的行為和選擇，以及如何為自己和他人創造更有意義的生活經驗。

總結來說，維克多·弗蘭克的意義心理學強調人類追求意義和尋找生活目的的重要性。他認為，人們可以透過發現和實現自己的天命內驅力來找到意義，並通過愛和關懷他人來體驗生活的幸福和豐富。意義心理學提供了一個體系框架，幫助人們探索人生的意義，並在實踐中實現自己的自我實現和天命內驅力。

意義心理學也對爾後的心理學領域研究和理論發展做出了重要貢獻。它提供了一個更全面和深入的理解人類存在的維度，並將精神健康與生命意義緊密聯繫起來，這個領域可以被稱為「靈性科學」，強調內在靈性的意義與力量以及天賦潛能的重要性。許多研究和實證研究也支持了意義心理學的核心理念，並將其應用於不同的心理治療方法和干預

措施中。

譬如：布魯斯・利普頓（Bruce H. Lipton；1944 年～）是一位細胞生物學家，他在《信念的力量》(The Biology of Belief) 一書中提出了一種新的觀點，關於信念如何影響我們的身體和生活。

Bruce H. Lipton 的研究顯示，我們的信念系統能夠直接影響細胞的環境，進而影響基因的表達。他提出了一個重要的觀點，即細胞的環境是至關重要的，而我們的信念是掌控這個環境的關鍵因素。這意味著我們的信念能夠改變細胞內外的環境，進而影響細胞的功能和基因表達。

根據 Lipton 的研究，當我們持有負面的信念時，我們的身體會產生壓力和負面的生理反應，這可能導致疾病和不健康的狀態。相反，當我們持有正面的信念時，我們的身體會產生積極的生理反應，促進健康和幸福。因此，改變負面的信念為正面的信念，能夠啟動自我療癒和個人轉變的內驅力量。

這些研究成果與意義心理學的理念相呼應。意義心理學強調了個人尋求目的和意義的內驅力，並強調天命的信念和價值觀對幸福和健康的重要性。Lipton 的研究提供了科學的證據，支持了信念對身體和生活的影響，並提醒我們要重視正面的信念和思想。

除了 Bruce H. Lipton 之外，還有其他一些科學家和學者也強調了信念的力量。例如，神經學博士 Joe Dispenza 也研究了信念和大腦的關係，並探討了如何通過改變信念來改變生活。還有像 Candace Pert 和 Gregg Braden 等人也在他們的著作中討論了信念和意識的影響。

再譬如由坎迪斯・珀特（Candace Pert；1946 年～）博士領導的新興科學領域「情緒物理學」，就闡釋了情緒和身心的連接，並強調了美好感覺的重要性。

根據珀特博士的理論，情緒並不僅僅存在於大腦中的化學物質中。事實上，情緒是一種電子化學信號，可以在整個身體中傳遞情緒資訊。這些信號由肽（一種小分子蛋白質）的混合物組成，具有深遠的影響力。當我們的感覺和情緒發生變化時，這些肽的混合物會在我們的身體和大腦中遊走。更重要的是，它們可以改變我們每個細胞的化學性質，並將特定的振動傳遞給其他人。

根據情緒物理學的觀點，一個人從內心釋放出來的能量和情緒，會吸引到他所需要的情境和人。這意味著，當我們內心散發出正面的情感和愉悅的能量時，我們會吸引到和我們共鳴的人和事物，並經歷更加美好的體驗，這在心理學領域中，稱為自證預言的自我實現，也可以稱為吸引力法則。

以上這些科學家和學者的研究都強調了信念、正念與念力等內在驅動力量對身心健康和個人成長的重要性。他們的研究提供了寶貴的觀點，揭示了信念和意識的內驅力是如何影響我們的生活與健康。

此外，在靈性科學日趨被重視之際，就必須介紹心理學鼻祖之一與靈性科學先驅的榮格。

卡爾・古斯塔夫・榮格（Carl Gustav Jung；1875 年 7 月 26 日—1961 年 6 月 6 日）的「集體無意識」是他心理學理論中的一個核心概念。榮格認為，個體心理不僅受到個體的個人經歷和意識的影響，還深受集體

無意識的影響。集體無意識是個體心理中與集體經驗和共用符號相關的無意識內容。

榮格將「集體無意識」的「意識數據庫」比作為一個絕對精神的「母體」，其中包含著人類共同的心靈內容和經驗。這些內容是人類文化、傳統、宗教、神話和象徵等的根源。集體無意識是個體心理中超越個人的永恆與絕對的心靈層面，不受時間和空間的限制。

「集體無意識」是由共享的象徵和原型（原來面目、本性、佛性、神性）所組成的。象徵是一種具有絕對意義和象徵性含義的形式或符號，如圖騰、符號、夢境中的象徵意象等。原型則是無意識中的基本模式和形態，如母性原型、父性原型、英雄原型等。

集體無意識的內容不是個體通過個人經驗所學習得到的，而是與生俱來的，遺傳於人類的心靈深層。榮格認為，集體無意識中的內容對個體有著深遠的影響，尤其在潛意識和夢境中表現得更為明顯。

集體無意識的重要性在於它對個體心理的影響和塑造。個體在與集體無意識相連接的過程中，接收到了共用的象徵和原型，這些內容對於個體的意識和行為產生影響。個體在與集體無意識的對話中，可以接觸到更深層次的智慧和潛能，找到自己的內在平衡和完整性，類似「與神對話」和「天人合一」的深層概念。

集體無意識的概念提醒了個體與整體的關聯性，個體不僅受到個人經歷和意識的影響，也受到集體經驗和共用符號的母體影響。個體通過與集體無意識的對話和融合，能夠更好的理解和實現自己的天命內驅力，找到自己的真實自我。

　　總而言之，榮格的集體無意識概念揭示了個體心理中超越個人的永恆與絕對的心靈層面，其中包含著人類共同的心靈內容和經驗。個體通過與集體無意識（母體、本體）的連接，可以接觸到更深層次的智慧和潛能，以實現自己的天命內驅力。這一概念對於理解個體心理和自我實現具有重要的啟發和意義。

第八章｜心流狀態的體驗

The best moments in our lives are not the passive, receptive, relaxing times... The best moments usually occur if a person's body or mind is stretched to its limits in a voluntary effort to accomplish something difficult and worthwhile.

我們生活中最美好的時刻不是被動、接受、輕鬆的時光... 最美好的時刻通常發生在當一個人的身體或心智在自願的努力中被拉到極限，去完成一些困難而有價值的事情。

Enjoyment appears at the boundary between boredom and anxiety, when the challenges are just balanced with the person's capacity to act.

愉悅出現在無聊和焦慮之間的邊界上，當挑戰與個人的行動能力正好平衡時。

It is by being fully involved with every detail of our lives, whether good or bad, that we find happiness.

只有在全神貫注的投入生活的每一個細節中，無論是好是壞，我們才能找到幸福。

The flow experience, like everything else, is not 'good' in an absolute sense. It is good only in that it has the potential to make life more rich, intense, and meaningful.

心流體驗，像其他一切一樣，並不是絕對意義上的"好"。它之所以好，只是因為它有潛力使生活更豐富、更激烈和更有意義。

—奇克森特米哈伊‧米哈伊

奇克森特米哈伊‧米哈伊（Mihaly Csikszentmihalyi；1934 年 9 月 29 日—2021 年 10 月 20 日）是一位匈牙利裔心理學家，他在心理學領域做出了重要貢獻，特別是在心流狀態的研究上。

他在著作《心流：最佳體驗的心理學》概述了心流理論：心流是一種專注或完全沉浸在當下活動和事情的狀態。沉浸在心流狀態的人會感受到涅磐般的快樂。心流時的內驅力能夠達到最佳，讓人完全沉浸在他們正在做的事情中。**每個人都有過心流體驗，會在感到全神貫注、充滿成就感與滿足感的同時，忽略世俗的需求**（時間、食物、自我等）。

在接受《連線》雜誌採訪時，他形容當人進入心流狀態時，自我和時間的感覺會暫時消失。動作和想法接連不斷的出現，如同演奏爵士樂，

最大程度把自己融入其中。具有內驅力性格特質的人謙遜、有毅力和充滿好奇心，他們樂於按內在動因行事而不屑於追求實現外部目標，他們能夠從常人無法忍受的事情上獲得樂趣。

心流的九個組成部分：平衡任務難度和能力、行為和注意力的融合、清晰的目標、清楚的即時反饋、注意力投射在手邊的任務、微妙的自我控制、時間的時間、自我意識的消失、內在驅動力的體驗。實現心流要求任務難度和自身能力水平必須高度匹配，如果任務太容易或太難，心流不會出現。

奇克森特米哈伊·米哈伊晚期主要研究驅使人們面對挑戰、追求幸福感的機制和因素。研究發現自我內驅力較強的人能在追求有挑戰性的目標中獲得更大的幸福感。面對挑戰的時候，內驅力是人們優化體驗、增強正面的情緒及獲得幸福感的催化劑。

心流狀態通常出現在我們參與具有挑戰性和意義的活動時，這些活動要求我們的技能與挑戰相匹配。在這種狀態中，我們感到時間彷彿靜止，我們對所做之事全神貫注，忘卻了外在的干擾，並在這種高度投入的經驗中獲得流暢感和滿足感。

奇克森特米哈伊·米哈伊的研究表明，心流狀態可以帶來許多正面的影響。首先，心流狀態讓我們感到快樂和幸福。當我們在這種狀態中時，我們專注於當下的活動，並從中獲得無比的滿足感和愉悅感。這種幸福感不依賴於外在的條件，而是來自於我們內在的體驗和對自我實現的追求。

　　其次，心流狀態幫助我們重新詮釋幸福的意義。傳統上，人們往往將幸福與物質財富、社會地位或外在成就聯繫在一起。然而，心流狀態的體驗表明，真正的幸福來自於我們內在的狀態和自我實現的過程。當我們完全投入並追求自己的天命內驅力時，我們能夠感受到無限的喜悅和滿足，並找到真正屬於自己的幸福。

　　此外，心流狀態還有助於我們創造意義，串聯樂趣和實現自我。在心流狀態中，我們感到活力充沛、專注力高度集中，並對所從事的活動充滿熱情。這種狀態讓我們能夠發揮最佳水平的能力和才能，並創造出有意義的成果。透過心流狀態的體驗，我們能夠感受到在自我實現的過程中所帶來的喜悅和滿足，並將這些樂趣串聯在一起，形成一個豐富而有意義的生活。

　　心流狀態的體驗也與目標的自成相關。在這種狀態中，我們不再將目標僅僅視為達成的結果，而是將其視為一種內在的追求和實現。我們追求的目標不僅僅是為了外在的認可或獎勵，而是源於內心的渴望和對自我實現的追求。這種目標的自成性驅使著我們在自我實現的道路上不斷成長和進步，並以內在的動力來實現自己的目標。

　　在心流狀態中的體驗也能夠幫助我們建立與真實自己的聯繫，並發掘更深層次的自我。在這種狀態中，我們能夠深入體驗自己的能力、價值和動機，並探索我們內心深處的渴望和夢想，進而找到天命與激發出天命內驅力。這種內驅力驅使著我們追求自己的天賦和潛能，並將其發揮到最大程度。當我們在心流中時，我們不再受外在的干擾和壓力所影響，而是充滿自信的追求自己內在的目標和使命。這種天命內驅力的體驗讓我們感到充實和具有意義，並為我們的生活注入了力量和動力。

　　總而言之，透過心流狀態，我們能夠重新詮釋幸福的意義，創造出有意義的生活，並在自我實現的過程中進一步實現我們的無限潛能。心流狀態的體驗讓我們能夠專注於當下，追求挑戰和成長，並從中獲得無比的滿足感和喜悅。在這種狀態中，我們能夠充分發揮我們的能力和才華，並將之應用於自己所熱愛和追求的領域。這種內在的成就和充實感是無法通過外部物質或成就來取代的，也就是說，**有錢人或是成功者的幸福，是源自於奮鬥過程中的內在成就感體驗，而不是有錢或成功以後的外在物質體驗。**

第九章｜解放天賦的力量

Everyone has a talent, but it takes courage to find it.
每個人都有天賦，但需要勇氣去發現它。

If you're not prepared to be wrong, you'll never come up with anything original.
如果你不準備犯錯，你永遠不會有任何獨創的東西。

The role of education is to help you discover your passion and develop your talents.
教育的作用是幫助你發現你的熱情並發展你的才能。

If you're not prepared to be misunderstood, you'll never be able to innovate.
如果你不準備被誤解，你永遠無法創新。

——肯・羅賓森爵士

　　肯・羅賓森爵士（Sir Ken Robinson；1950 年 4 月 21 日—2020 年 8 月 21 日）是一位英國作家、演說家和政府、非營利組織、教育和藝術機構的藝術教育國際顧問。這位知名的教育家和演說家對於創造力和教育

改革做出了重要貢獻。他的研究和洞察力使我們更加了解天命內驅力與自我實現的關係，以及如何解放我們的天賦。

肯‧羅賓森認為，每個人都擁有獨特的天賦、熱情和才華，這些內在的驅動力是我們天命的主要部分。但由於教育體制和社會的限制，很多人無法發現和發揮他們真正的天賦。因此，找出天賦、熱情和才華是一個十分重要的步驟。他相信每個人都有特別擅長的領域和能力，這些潛在的天賦和才華需要被發掘和培養。通過發現和培養自己的天賦，我們能夠在這些領域中取得卓越成就，獲得更大的成就感和充實感。在邁向卓越道路上，解放這些天賦的內驅力，就成為完成自我實現和幸福的關鍵。

活出天命是肯‧羅賓森強調的一個重要概念。它意味著發現並追求自己真正的興趣和熱情。這需要我們反思自己的價值觀、目標和動機，並勇敢的追隨自己的內心並選擇我們想要走的道路。透過活出天命，我們能夠發現和發揮自己的天賦和熱情，實現自我實現和成就感。

肯‧羅賓森更提到了忘我境界的重要性。忘我境界是指我們在投入某項活動時完全投入其中，忘記時間和自我存在的狀態。在這個狀態中，我們能夠發揮最高水平的創造力和表現。他鼓勵人們尋找那些能讓自己進入忘我境界的活動，並在其中找到充實感和滿足感。肯‧羅賓森提倡的「忘我境界」的活動主要是與創造力和表達自我的領域相關。以下是一些他常提及的忘我境界的活動：

一、藝術創作

包括繪畫、音樂、舞蹈、寫作等形式的創作活動。這些活動可以讓人投入其中，忘卻時間和自我，全神貫注的表達自己的想法和感受。

二、表演和演講

透過在舞台上表演或演講，人們可以全身心的投入其中，將自己的思想和情感傳達給觀眾，並與觀眾產生共鳴。

三、運動和身體表達

參與運動、舞蹈或其他身體表達活動可以使人身心投入其中，享受運動帶來的流暢感和忘我境界。

四、問題解決和創新：

透過思考和解決複雜的問題，或者參與創新的工作，人們可以全神貫注的投入其中，追求解決方案的創造性和新穎性。

五、自主學習和探索

透過自主學習和主動探索新知識和領域，人們可以追求知識和深度理解，並享受在學習過程中的沉浸感。

這些活動都可以引發人們的忘我境界，使他們忘卻時間和自我意識，全身心的投入到活動中，獲得滿足感和喜悅。肯·羅賓森認為這種忘我境界的經驗對個人的成長和幸福至關重要，並應該在教育和生活中得到更多的重視和培養。

此外，肯·羅賓森強調創造力、想像力和自主學習的重要性。他呼籲學校和教育體系應該提供更多的機會和支持，讓學生能夠發揮他們的天賦和潛能。他強調教育應該鼓勵學生的多元智慧，並提供一個豐富多元的學習環境，以便他們能夠發展和展現他們的獨特才能。提供一個能夠**培養出天命內驅力的學習環境，是教育體制最重要也是最優先的理念與目標**。

　　總結來說，肯・羅賓森的觀點，強調了解放天賦的力量和活出天命的重要性。透過找到自己的天賦和熱情，追求個人的興趣，我們能夠實現自我實現和充實感。同時，進入忘我境界的狀態能夠激發最高水平的創造力和表現。這些洞察力幫助我們更好的理解天命內驅力的力量，並啟發我們發揮自己的潛能。

▶ *Part 2*
發掘天命內驅力的能量之旅

在這部分，我們將引領讀者開始他們的發現之旅，發掘天命內驅力的能量。我們將探索自我認識的旅程，深入了解生命個體的內在本性和價值觀，並學習如何培養和運用天命內驅力來設定目標和追求成就。同時，我們也將研究天命內驅力在逆境和克服困難時的作用，以及如何透過反思和成長來持續發展天命內驅力。

真正的自我認識是一場永恆的旅程，
從中我們發現和釋放內在的天命力量。

◎天命是我們內心深處的聲音，它引導著我們走向自己的道路。
◎發掘天命內驅力的關鍵是了解自己，聆聽內心的聲音並追求真實的自我。
◎天命內驅力是一種無窮的能量，它激勵著我們超越困難，實現自己的夢想。
◎每個人都有一個獨特的天命，只有透過自我探索和成長，我們才能發現並活出這個天命。
◎天命內驅力是一股無形的力量，它引領我們走向成功和成就，只要我

們相信並努力追求。

◎真正的天命是對內心深處的渴望的回應，它是我們內在的使命和目標的體現。

◎發掘天命內驅力需要勇氣和決心，但它能夠帶領我們走向一個更有意義和豐盛的人生。

◎天命內驅力是我們與生俱來的天賦，它是我們實現自己潛力的關鍵。

◎相信自己的天命內驅力，你將發現你有無限的力量去追求夢想和創造美好的未來。

◎天命內驅力是一種內在的指南針，它指引我們走向自己真正屬於的道路，實現個人的成長和成就。

—林文欣

第十章｜自我認識的回溯一生

《知人者智，自知者明；勝人者有力，自勝者強》： 了解他人是智慧的體現，但更重要的是了解自己；真正的力量和強大來自於自我超越和自我掌控。

—老子

《"γνῶθι σεαυτόν"（Gnōthi Seauton），意為「認識你自己」》： 提醒參拜者要了解自己的本性和限制，並將其視為人類自我探索和成長的重要途徑， 這句話後來被柏拉圖等哲學家廣泛引用，成為了古希臘哲學的重要格言之一。

—古希臘的德爾斐神廟

《認識自己是所有智慧的源頭》： 了解自己是智慧的起點，它是達到真正幸福和成就的基礎。

—亞里士多德

《知彼知己，百戰不殆》：了解自己和了解他人是十分重要，只有透過深入認識自己，才能在生活中更好的應對挑戰。

—孫子

有人問科學和哲學之父泰勒斯：何事最難為？他應道：認識你自己。我們無可避免跟自己保持陌生，我們不明白自己，我們搞不清楚自己，離每個人最遠的，就是他自己，對於我們自己，我們不是「知者」。

—尼采

　　自我認識是發現天命內驅力的關鍵與第一個步驟。我們必須深入探索自己的內在世界，透過「自我反思」和「意識覺察」，了解自己的價值觀、擅長和熱愛。天命內驅力是一種獨特而強大的力量，它存在於每個人的內心深處，激勵著我們追尋個人成長和自我實現。在一生中，我們應該優先找到並運用天命內驅力，使其成為我們生活中的重要資源。首先，我們需要意識到自己內在的天命內驅力，這是一種與生俱來的動力和渴望。通過自我反思和深入思考，我們能夠發現這種內在力量並開始意識到它的存在。

在這個快節奏和繁忙的世界中，我們常常忽略了內在的聲音和真正的自我。如果一個人沒有深入認識自己並找到真正的自己，而是長期戴上假面具去面對世人，很快會面臨以下的過程和不利影響：

內心的迷失：缺乏對自己的真實認知和了解，可能會導致內心的迷失和困惑。不知道自己真正的價值觀、興趣和能力，可能會感到迷茫和不知所措。例如，一個人可能因為無法確定自己的興趣和目標而感到困惑，無法找到自己真正熱愛的事物，不知道該如何發展自己的能力。

虛偽的表現：戴上假面具後，人們往往會展示出不真實的一面，迎合他人的期望或社會的價值觀。這樣的虛偽表現可能會使人感到虛空和缺乏真實的連結，也可能會在人際關係中產生不真實和不可靠的形象。例如，一個人可能在工作場合戴上假面具，表現出與真實自己不一致的態度和價值觀，只是為了迎合上司或同事的期望，而不敢展示真實的觀點。

自我否定：若一直保持假面具的形象，人們可能會遺忘或否定自己的真實自我。他們可能不斷試圖滿足他人的期望，而忽視了自己的真實需求和價值。這樣的自我否定可能會導致自尊心下降和內心的不滿足。例如，一個人可能不斷否定自己的夢想和抱負，以追求社會認可或安全感。他們可能放棄自己真正喜愛的事物，而選擇適應他人的期望，導致內心的不滿足和失去自我身份感。

缺乏真實的連結：如果人們總是以虛偽的自我去面對他人，他們可能無法建立真正的連結和親密的關係。真實的連結需要建立在相互理解、尊重和接納的基礎上，而假面具往往阻礙了這種真實連結的建立。例如，一個人可能在人際關係中表現出不真實的一面，不敢展示自己的

脆弱或真實的情感，而只是保持表面上的社交禮貌，無法建立真正深入的連結和親密的關係。

內在的不和諧：當內心的真實自我與外在的假面具不一致時，可能會產生內在的不和諧和焦慮。人們可能會感到分裂和矛盾，無法真正享受生活和實現自己的潛能。例如，一個人可能在內心感受到對外界的壓力和期望的衝突，無法平衡內在的真實自我和外在的假面具。這種不和諧可能會導致焦慮、自我懷疑和壓力感。

因此，認識自己並找到真正的自己是一個重要的過程，它可以幫助人們建立真實的自我連結、提高自尊和內在的和諧。通過正直面對自己和他人，人們能夠建立真正的信任和深度的人際關係，並實現更有意義和充實的生活。

一、真實的自己是天賦、價值觀與熱情的交集

自我認識的旅程可以讓我們停下腳步，投入自我反思的時間與空間。我們將學習如何靜心思考，探索自己的內在世界，深入了解自己的天賦與核心價值觀。

透過**自我反思**，我們能夠更清楚的意識到自己的天命內驅力。我們會追問自己一系列問題，例如「我是誰？」「我對什麼事情感興趣？」「我在乎什麼價值觀？」這些問題引導我們探索自己的本性和生命的本質。

意識覺察也是自我認識的重要工具。通過觀察自己的思想、情緒和行為，我們能夠更深入的了解自己。意識覺察讓我們察覺到自己的內在

動機、偏好和選擇。透過這種觀察，我們能夠更清楚的感受到自己的天命內驅力。

自我認識的旅程並非一蹴而就，它需要時間、耐心和深度的探索。這是一段充滿挑戰和成長的旅程，但也是一段充滿豐富和意義的旅程。透過自我認識，我們能夠發現自己的天命內驅力，並為未來的成長和發展做好準備。

當我們學習如何靜心反思，追問自己的內在世界，並意識到自己的天命內驅力時，這將成為我們進一步發掘和實現天命內驅力的基礎，為個人成長和實現鋪平道路。

在自我認識的旅程中，我們會發現自己的天賦和擅長的領域。這些是我們天生具備的能力和才華，在這些領域中我們表現出色且感到自信。當我們發現自己的天賦和擅長時，我們能夠更深入的了解自己的內在需求和動機。

此外，自我認識還涉及到我們的熱愛和喜好。這些是我們內心深處真正的喜好和熱情所在。當我們對某些事物感到熱愛且充滿喜悅時，我們會感受到一種動力和滿足感，這正是我們真正想要追求的領域和活動。

除了天賦和熱愛之外，自我認識還關聯到我們的核心價值觀和重視的事物。價值觀是我們內心的導引，它們塑造我們的行為和選擇。當我們了解自己的價值觀並將其納入生活中時，我們能夠更加明確的追求和實現我們真正重視的事物。

 　這三者的交集，即我們的**天賦、熱愛和核心價值觀的結合，就是我們的天命與天命內驅力的源頭，也代表著我們真心想要做的事情與找到真正的自我（如圖3）**。當我們能夠找到這個交集，我們會感受到一種內在的連結和流暢感，我們將全心全意的投入這些領域，並以真實的自己展現出色。

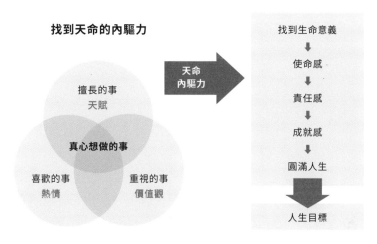

（圖3）真實的自己。

二、天賦類型的自我發掘

　當我們沒有發揮自己的天賦和擅長時，可能會感到內心的不滿和缺乏動力，這是因為我們沒有找到適合自己的領域，或者沒有意識到自己的潛力和價值。

　如果我們沒有發揮天賦潛能和擅長之處，可能會面臨以下幾個問題：

1.缺乏自信：當我們沒有機會展現自己的天賦時，可能會感到自信心的

83

下降。我們可能懷疑自己的能力和價值，導致自我價值觀的不斷下降。

2.情感壓抑：如果我們無法在自己擅長的領域中發揮所長，可能會感到情感上的壓抑和不滿。我們可能會感到沒有被理解和肯定，無法表達自己真正的能力和價值。

3.做事缺乏動力：當我們不在自己擅長的領域中工作時，可能會覺得工作乏味和缺乏動力。我們可能只是應付工作，而缺乏對於工作的熱情和投入。

4.錯失機會：如果我們沒有發揮自己的天賦和擅長，可能會錯失許多機會和成長的可能性。我們可能無法達到自己的最大潛力，並錯失發展和成功的機會。

因此，發揮自己的天賦和擅長對於我們的自我價值觀和內在動力非常重要。當我們能夠找到適合自己的領域並發揮所長時，我們能夠獲得內心的滿足和成就感，並更加充實和快樂的生活。這需要我們意識到自己的天賦和擅長，並主動尋找發揮它們的機會和環境。只有這樣，我們才能真正實現自己的價值觀與天命，並活出自己真正的潛力。

哈佛大學心理發展學家霍華德·加德納（Howard Gardner）於 1983 年出版《Frames of Mind》（心智解構），提出「多元智慧理論」（Multiple intelligences），簡稱 MI，主張人類的天賦絕不止一種，且每個人身上都擁有七種或以上的天賦，只是分佈情形因人而異，高低不同，並且每種天賦都可以獨立存在和發展。根據加德納的理論，共有八種主要的天賦類型，分別是：

1.語言智慧（Linguistic intelligence）：擅長使用語言和文字進行思考、表達和理解，適合從事詩人／小說家／記者／編輯／律師／語言學者等職業。

2.邏輯數學智慧（Logical-mathematical intelligence）：擅長邏輯思考、數學運算和問題解決，適合從事程式設計師／數學家／經濟學家／會計師／科學家／工程師等職業。

3.空間智慧（Spatial intelligence）：擅長感知和操作空間，具有良好的空間導向能力和想像力，適合從事機師／時尚設計師／建築師／外科醫生／藝術家／工程師等職業。

4.音樂智慧（Musical intelligence）：擅長音樂理解、演奏和創作，對聲音和節奏敏感，適合從事歌手／音樂演奏者／DJ／作曲家／詞曲作家／音樂教師等職業。

5.肢體運作智慧（Bodily-kinesthetic intelligence）：擅長身體運動和動作協調，具有良好的身體動覺能力，適合從事舞者／物理治療師／技師／建築工／演員等職業。

6.內省智慧（Intrapersonal intelligence）：對自己的情緒、價值觀和目標有深刻的理解和意識，適合從事治療師／顧問／心理學家／企業家／哲學家／理論家等職業。

7.人際智慧（Interpersonal intelligence）：擅長與他人相處和建立良好的人際關係，具有良好的情感和社交能力，適合從事團隊主管／談判專家／政治家／公關人員／業務／心理學者等職業。

8.自然觀察智慧（Naturalistic intelligence）：對自然界和環境有高度的敏感性和理解能力，適合從事地質學者／植物學者／生物學者／環境保育者／花藝專家等職業。

這些智慧類型代表了不同的特殊能力和天賦潛能，每個人在這些智慧類型上有不同的強項和特點。多元智慧理論的提出，豐富了對人類智慧的理解，並促使教育和培養環境更加注重個體多樣性和全面發展。

三、核心價值觀的自我覺察

每個人都希望自己是一個有價值的人，無論是對這個世界、對他人還是對自己。價值觀自我覺察的重要性在於幫助我們意識到自己所做的事情的價值所在，進而激發我們的動力和內驅力。

舉個例子，假設你今天莫名其妙的決定整理客廳。當你的另一半回來後，看到整齊的客廳並給予你稱讚時，你會感受到自己所做事情的價值，這樣的肯定會激勵你下次再次心血來潮時更願意去整理。這是因為你感受到自己的努力被認可，覺得自己做出的貢獻有意義和價值。

相反地，如果你不知道自己所做事情的價值所在，只是出於「應該」或「必須」的理由而去做，你會發現很難維持動力和內驅力。缺乏對價值的認識和感知會使你覺得缺乏意義，難以持續下去。

因此，價值觀的自我覺察可以讓我們意識到自己所做事情的價值所在，從而激發我們的內驅力。當我們感受到自己的貢獻被自我肯定和認可，我們會更有動力去持續追求目標、發展潛能並創造有意義的生活。

價值觀分析能幫助我們更清晰的認識自己、理解自己的動機和目的，從而建立起與自己內在價值的連結，進而增強內驅力和自我實現的能力。

在認識自我與價值觀自我分析的過程中，美國心理學家洛特克教授在其代表作《人類價值觀的本質》一書中，提出了建立價值觀的 13 個核心要素，提供了重要的參考。透過分析這些要素，我們可以深入思考並認識自己的價值觀，從而更好的了解自己並建立意義豐富的人生：

1. **成就感**：追求在工作中獲得成功和受到他人認可的滿足感。
2. **美的追求**：對美感的追求，欣賞和追求世界上的美和藝術。
3. **挑戰性**：渴望挑戰自己，解決困難並創新。
4. **健康**：追求身心健康，能夠平靜的應對壓力和挑戰。
5. **收入與財富**：追求經濟穩定和財務自由。
6. **獨立性**：追求自主性和自由，有能力自主安排時間和行動。
7. **愛、家庭、人際關係**：重視與他人的連結和關懷。
8. **道德感**：追求與個人價值觀和道德原則相符的行為和決策。
9. **歡樂**：追求快樂、愉悅和享受生命的美好時刻。
10. **權力**：追求影響和掌控他人的能力。
11. **安全感**：追求基本需求的滿足和對未來的安全感。
12. **自我成長**：追求知識的增長和個人成長。
13. **協助他人**：願意幫助他人，帶給他們幫助和積極影響。

這些價值觀的核心要素提供了一個完整架構，深入覺察這些核心要素，至少要挑出對自己而言最重要的五、六項，嚴格要求自己做到，如果做不到，未來就難以建立起正確的價值觀，也就無法得到所想要的人生，甚至過著空虛且不幸福的日子。

　　針對以上 13 種建立正確價值觀的核心要素，洛特克教授還指出，我
們可以追問自己以下幾個問題：

1.最重視的價值觀：你最看重哪個價值觀？它對你來說的重要性是什
麼？

2.價值觀的變化：你一直以來的價值觀是否一致？是否曾經有過改變的
經驗？若有，是什麼原因導致了這些變化？

3.與父母的共同與分歧：你與父母在價值觀上有哪些共同點？又有哪些
方面存在分歧？這些分歧是否影響了你的價值觀？

4.價值觀對生活的影響：你的價值觀是否曾經影響過你的生活方式和選
擇？舉例來說，它是否影響了你的工作安排或生活步調？

5.工作類型與價值觀的關聯：你理想中的工作類型是否與你的價值觀相
契合？你是否在工作中能夠實踐自己的價值觀？

6.受到他人影響的價值觀：是否曾因為別人的話語或行為而對自己的價
值觀感到懷疑或產生變化？

7.崇拜對象的影響：過去你崇拜的人對你現在的價值觀還有什麼影響？
他們的價值觀是否仍然對你有啟發和影響？

8.行為反映價值觀：你的行為是否能夠反映你的價值觀？舉例來說，如
果你重視工作變化、成長和突破，那麼你是否會選擇單調枯燥、缺乏挑

戰的工作？你是否會在父母的期許或他人的影響下改變自己的志向和價
值觀？

透過這些問題的思考，我們能更深入的認識自己的核心價值觀，了
解它們的起源、變化和對我們生活的影響。這有助於我們建立一個更加
正確和有意義的價值觀，引導我們在追求天命內驅力和目標時更加堅定
和自信。

總之，只有建立起正確的價值觀，我們才能找到與找準方向，並獲
得前進的動力。

融合了洛特克教授的核心價值觀和自我價值觀的分析，我們可以更
深入的了解自己的價值觀。這些核心價值觀將成為我們生活中的指導原
則，幫助我們做出選擇、追求個人成長並建立有意義的人生。透過反思
和審視這些價值觀，我們可以更加清晰的認識自己、追求自我實現並創
造一個更有意義的人生。

四、熱情與專注的天分交會點

天賦的本質可以被描述為熱情與專注的天分交會點。這意味著當一
個人對某個領域或活動充滿熱情並且能夠專注於其中時，他們就展現出
了天賦的特質。

熱情在天賦中扮演著重要的角色。當一個人對某件事情感到熱情
時，他們將會投入更多的時間和精力，並且願意不斷學習和提升。熱情
使人感到擅長，因為他們對這個領域或活動有著深入的興趣和瞭解。同
時，熱情也為人帶來樂趣和享受，使其更有動力和持久性的從事相關的

工作或活動。專注是另一個天賦的關鍵要素。當一個人能夠專注於某個領域或活動時，他們能夠將精力和注意力集中在重要的事情上，並排除干擾和雜念。專注使人感到有意義和使命感，因為他們能夠投入於他們認為有價值且有意義的事情中。同時，專注也使人保持精力旺盛，並獲得成就感和滿足感，因為他們能夠充分發揮自己的能力，並取得可觀的成果。

馬斯洛的「高峰經驗」理論，是一種自我實現者的專屬心理狀態，在這種狀態下，人們能夠全神貫注於當下，感知變得更加豐富，似乎迷失在時空的感覺中。在高峰經驗中，人們從經驗中獲得內在的酬賞，感受到超越自我的狀態，超越對立與界限。同時，人們暫時擺脫了恐懼、焦慮和約束，更能夠接納和原諒自己和他人。在這種狀態下，人們體會到更深刻的美感，感受到驚嘆、敬畏和屈服的情緒，並感受到個人與靈性的合而為一的感覺。

這種高峰經驗帶來的心理狀態和體驗，可以讓人們感受到更深層次的存在意義和價值，帶來一種豐富而豁達的靈性體驗。這種狀態可能是在特殊的時刻或特定的活動中經歷到的，例如藝術創作、冥想、運動、人際關係的連結等。這些高峰經驗能夠豐富人們的生活，激發個人的潛能和創造力，並對人的心理健康和幸福感產生積極的影響。

「忘了時間的存在」與「內在的興奮感」是兩項你可依循的天賦指標，你內在的「雀躍之情」與「感動之心」將是幫助你得知你人生使命的最大秘密，那將是你來到地球所能給自己與他人最高形式的禮贊與服務！

總的來說，天賦的本質是熱情與專注的天分交會點。當一個人能夠
將自己的熱情和專注力聚焦在某個領域或活動上時，他們將展現出他們
的天賦，並讓熱情展現出擅長與樂趣，也讓專注感受到意義感、使命感、
精力旺盛、成就感和滿足感。

五、成為應該成為的人，專心扮演本性角色 (Being is what let all beings be)

我們來到世上的唯一任務，就是成為應該成為的人，做應該做的事
情，這是我們的本性與自性，也是我們應該一輩子為之奮鬥的人生目標，
而在這個艱辛的成長過程中，天命內驅力會全程陪伴自己，支撐我們度
過難關，並找出獨特見解的創新與解決之道。

因此，自我認識的旅程將幫助我們發現自己的天賦和擅長、熱愛和
喜好，以及價值觀和重視的事物。透過這種深入的了解，我們能夠找到
真心想做的事情，並展現真實的自我。就讓我們繼續踏上這段天命內驅
力的旅程，探索自己的內在世界，並實現自我認識的豐盛成果。

第十一章｜天命的追尋

The two most important days in your life are the day you are born and the day you find out why.

人生中最重要的兩個日子：一個是出生那天，另一個則是明白自己為什麼出生的那天。

—馬克・吐溫

The unexamined life is not worth living.

未經審視的生活不值得活。

—蘇格拉底

The purpose of life is not to be happy. It is to be useful, to be honorable, to be compassionate, to have it make some difference that you have lived and lived well.

生活的目的不是為了快樂，而是為了有用，為了有尊嚴，為了有同情心，為了讓你的存在有所不同並且活得精彩。

—愛默生

生命的意義在於找到自己的激情，找到自己的天賦，並對世界產生積極影響。你的原來起點，無法決定你人生的最終走向，從現在開始，你可以重新認識自己，制定你的精采人生。只要你願意，發現天賦永遠也不遲！

認識自己回溯一生，是踏上天命追尋的第一步。認識自己的最有效方法，就是蒐集資料與透過「SWOT 分析法」來深入自我察覺。首先，可以先透過以下管道蒐集資訊：

● 自我追問的回溯一生：靜下心來思考自己的過去、現在和未來，回憶自己的經歷、成就和失敗，找出自己的優點和弱點，並思考如何發揮自己的優點與改進自己的弱點。
● 自我測試：通過一些專業的心理測試和評估，了解自己的性格、興趣、價值觀和能力，進一步認識自己的優點和弱點，並確定自己的興趣和適合的職業。
● 與他人交流：與朋友、家人、同事和專業人士交流，聆聽他們對自己的看法和建議，了解自己的優點和弱點，並從中獲得啟示和幫助。
● 學習新知識：透過閱讀書籍、參加課程、進行研究等方式，了解自己所感興趣的領域，進一步發掘自己的潛力和興趣，並確定自己的職業方向和發展目標。

一、回溯一生

人生當中所發生的每一件事情都有其意義，你所經歷過的痛苦與苦楚都是有意義的，你的命運是上天賦予你這一生「必須在這個世界完成的使命」。人生中發生的所有事情都有其「必然」的意義，是人生在這

個時候，必須要發生這樣的事情，冥冥之中存在著一本「看不見的劇本」，透過發生的各種事情，不知不覺的引導我們、帶領我們走上「某個方向」的道路上，而這條路正是指引我往那裡前進的命運之路。

在上述蒐集資訊的管道中，自我追問的回溯一生，才是認識自己的最重要且必須進行的步驟。通過回顧以前自己的所有經歷，從記事起到現在，自己的家庭、成長的環境、自己印象深刻的事情，透過回憶來分析與認識自己，深刻的剖析自己到底是個什麼樣的人。我們可以透過以下問題，啟動「自我追問」，來審視自己的生命故事：

1.人生中有哪些關鍵的事情發生：

最得意的事情是什麼？為什麼？是如何達成的？

最不得意的事情是什麼？為什麼？是如何克服的？

自己的優點有哪些？如何利用這些優點？

自己的缺點有哪些？如何改善或克服這些缺點？

自己的興趣和喜好是什麼？這些興趣如何影響自己的生活和選擇？

自己的專注領域是什麼？這些專注領域如何影響自己的生活和選擇？

自己的核心價值觀是什麼？這些價值觀如何指導自己的行為和決策？

追求的夢想和目標是什麼？為什麼對這些夢想和目標感興趣？

最想要做的事情？

一生中遇到最困難的事情？

曾經發生過哪些遺憾的事情？

過去的困擾和挑戰是什麼？從中學到了什麼？

自己想要達成的人生意義和目的是什麼？

未來想要成為怎樣的人？對自己和他人有什麼貢獻？

如果你快死了，你最想做什麼事情？

2.從中找出重視與不重視、喜歡與不喜歡、擅長與不擅長的真實自我。

3.從中找出做什麼事情最快樂、最專注、最擅長、最熱情、最滿足、最願意犧並樂此不疲？

4.接著將追問過程彙總成認識自我的「SWOT分析表」。

5.最後，從中找到天命的天賦與核心價值觀。

二、現狀分析的 SWOT 分析

　　資訊蒐集完整後，即可進行「現狀分析」的「SWOT 分析」。想要改變命運，關鍵第一步就是，看清自己現在的立足點，再從這個立足點作為改變命運的起始點，並朝向你所想要的嶄新人生前進，這一步的認識自己，又可以稱為「命運的現狀分析」，也是一種對嶄新人生的本質與本性的深入初步分析，看清眼前的阻礙與了解自己的現狀分析之後，再根據這個現狀起始點擬定策略與行動計畫，進而不斷的縮短現狀與目標的距離與偏差（如圖 4）。

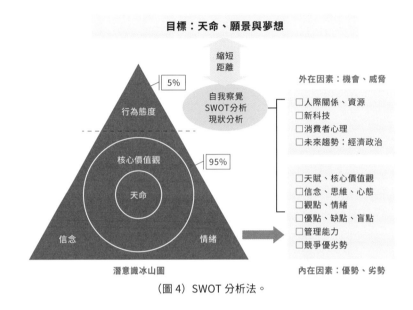

（圖 4）SWOT 分析法。

　　認識自己的方法有很多種，目前常見與運用的方法，稱為「SWOT 分析法」，SWOT 分析是一種簡單而有效的方法，用於評估個人、組織或專案的優勢、劣勢、機會和威脅，以制定合適的策略和行動計畫。用於個人則可以幫助你評估「有利於」與「不利於」你找到天命與實現夢想的內在或外在因素。SWOT 代表 Strengths（優勢）、Weaknesses（劣勢）、Opportunities（機會）和 Threats（威脅）。

　　SWOT 分析中的**內在因素包括優勢與劣勢**：是對內在的天命、使命感、價值觀、天賦擅長、興趣熱愛與能力優缺點的整體自我追問與分析。**外在因素包括機會和威脅**：機會是指外在環境中有利於個人或組織發展的因素，可以是資源、人際關係、市場需求、新技術、政策環境等，對個人或組織的發展具有積極的影響。威脅是指外在環境中可能對個人或組織造成不利影響的因素，可以是競爭對手、經濟下滑、政策變化等，對個人或組織的發展具有負面的影響。

　　最終再基於 SWOT 分析的結果，找出真正適合自己的天命、願景與夢想，並充分利用優勢、改進劣勢、抓住機會和避免威脅。

　　除了個人發展和職業規劃之外，SWOT 分析也可以應用在企業戰略規劃、市場行銷、產業與投資分析、專案管理、資金籌措以及股票上市的規劃分析等方面，其實，SWOT 分析是可以應用於各個領域，用於幫助人們瞭解自身的優勢和劣勢，以及面臨的機會和威脅，從而制定出更加有效的策略和計畫。

　　舉例說明：假設你是一位年輕的專業人士，你想藉由 SWOT 分析來尋找自己的天命和分析價值觀。以下是一個具體的例子：

　　Strengths（優勢）： 你具有優秀的溝通和人際關係技巧，能夠有效的與他人合作和建立良好的人際關係。你在你的專業領域具備專業知識和技能，並且經常尋求自我成長和學習的機會。你擁有創造力和解決問題的能力，能夠提出創新的想法和找到有效的解決方案。

　　Weaknesses（劣勢）： 你可能對於風險較為謹慎，不太願意接受未知和挑戰。你有時可能過於追求完美，導致在決策和行動方面猶豫不決。

　　Opportunities（機會）： 你所在的行業具有很大的發展潛力，並且提供了許多成長和晉升的機會。你有機會參與國際專案或與國際團隊合作，擴展你的國際視野和跨文化交流的能力。

　　Threats（威脅）： 你所在的行業競爭激烈，需要不斷提升自己的能力和適應市場變化。你可能會面臨工作壓力和時間管理的挑戰，需要找到平衡和有效的應對方式。

在進一步發展你的天命和價值觀的過程中，你可以利用 SWOT 分析的結果來擬定策略與行動計畫。充分發揮你的優勢，將其應用於工作和人際關係中，並不斷提升自己的專業知識和技能。同時，努力改進你的劣勢，學會面對風險和挑戰，並培養決策能力和果斷性。抓住機會，積極尋求成長和晉升的機會，透過參與國際專案或跨文化合作來擴展你的視野和能力。同時，要警覺威脅，持續學習和成長，適應變化的行業環境，並找到有效的應對策略。

總結來說，SWOT 分析可以幫助你了解自己的天命、價值觀和職業目標，並提供指導性的行動方針。透過充分**利用優勢、改進劣勢、抓住機會和避免威脅**，你能夠在追求自己的天命和實現個人價值的過程中更加有自信和明確的方向。

第十二章｜具體的實現

成功的三大法則： 知道你在做什麼、喜歡你做的事、相信你做的事。

I Have a Dream.
我有一個夢想

—馬丁‧路德‧金恩博士

The future belongs to those who believe in the beauty of their dreams.
未來屬於那些相信自己夢想之美的人。

—埃莉諾‧羅斯福

Setting goals is the first step in turning the invisible into the visible."
設定目標是將看不見的事物變成可見的第一步。

—托尼‧羅賓斯

You are never too old to set another goal or to dream a new dream。
設定新目標或追求新夢想，永遠不嫌老。

—C.S. 路易斯

認識自己是一個充滿挑戰和發現的英雄之旅，是一個持續的過程，需要勇氣、毅力和冒險精神。在深入探索的過程中，可以幫助我們建立更積極、自信和有意義的生活。它能夠影響我們的人際關係、職業發展和個人成長，並幫助我們實現更高的目標和幸福感。認識自己的完整過程，必須涵蓋以下四個步驟：

1. 追問自己的回溯一生，透過 SWOT 分析找到天命與其內驅力。
2. 將天命轉化成組織（企業）願景或是個人夢想。
3. 將願景或夢想轉成具體的目標，並依據具體目標擬定策略與行動計畫。
4. 依據願景或夢想，重塑經營理念、企業文化或個人信念。

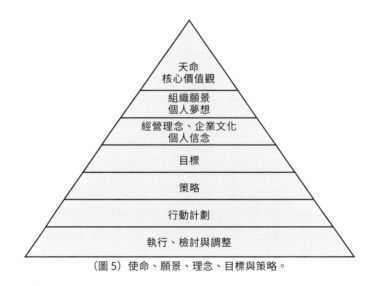

（圖 5）使命、願景、理念、目標與策略。

天命、願景、夢想和目標是有著緊密的關係但有不同的概念。它們可以被視為一個層次結構，從最高的無形概念到更具體的目標。總體來說，天命是人生的使命和目的，願景是對未來理想狀態的描述，夢想是

內心深處的渴望，而目標則是為了實現願景和夢想所設定的具體行動步驟。它們彼此相關但有不同的層次和觀點（如圖5）：

天命：天命指的是每個人在生命中所擁有的使命或目的。它涉及個體的天賦、興趣、熱情和特點，是個人與生俱來的潛能和獨特價值觀的體現。

願景或夢想：願景或夢想是一個人或組織對未來所渴望達到的理想狀態或成就。它代表著對個人或組織發展方向和目標的清晰和具體的描述。

經營理念、企業文化或個人信念：經營理念、企業文化或個人信念是組織或個人所遵循的價值觀、行為準則和共同信仰的體現。它是組織或個人核心價值的體現，影響著組織或個人的思維方式、行為模式和與他人的互動方式。

這些概念在認識自己和建立有意義的人生或組織發展方向時都起著重要的作用。透過深入理解和定義這些概念，我們能更清楚的認識自己的天命、明確自己的願景或夢想，並建立一個有益於組織或個人成長的經營理念、企業文化或信念系統。

一、將天命轉化成組織（企業）願景或是個人夢想

將天命轉化為組織願景或個人夢想是一個重要的步驟，以下是一些方法可以幫助實現這個轉化：

1.自我追問的SWOT分析：從自我反思和SWOT分析中，了解自己的天命，包括個人的天賦、興趣、價值觀和熱情。這有助於確定自己真正想要追求的方向和目標。

2.定義組織（企業）的使命和價值觀：如果你是一個組織的領導者，將天命轉化為組織的願景或使命是關鍵。這涉及到明確定義組織的核心價值觀、目標和方向，並確保它們與你的天命相契合。千萬要記得，你的願景或夢想越宏偉，你的成就與成就感就越高，相對的困難度也越高，成長的境界也越高。

3.調整個人或組織的目標：根據你的天命和組織的使命，設定具體的目標，這些目標應該是有挑戰性、具體可衡量且與天命或使命相關聯的。這些目標可以是長期的夢想，也可以是短期的里程碑。

4.創造共鳴與共同願景：在個人層面，與你的夢想相關的價值觀和目標應該與身邊的人共鳴。這有助於建立支持你追求夢想的靈魂伴侶、團隊或社群。在組織層面，確保組織成員共同理解和支持組織的使命和價值觀，進而凝聚團隊的向心力與積極度。

5.持續學習和成長：將天命轉化為願景或夢想是一個持續的過程。不斷學習和成長，了解自己的天命和追求的方向，並隨著時間的推移不斷調整和發展你的願景和目標。

以上這些方法有助於將個人的天命和組織的使命轉化為具體的願景和目標。它們幫助你明確自己的方向，激發內在的內驅力，並為個人和組織的成長奠定基礎。

　　管理大師彼得德魯克在《管理的實踐》一書中，引用一個寓言故事，來說明願景與夢想的重要性，有人問三個石匠他們在做什麼：

第 1 個石匠說，他是為了混口飯吃；
第 2 個石匠說，他要做全國最好的石匠；
第 3 個石匠說，他正在建造一座宏偉壯麗的大教堂。

　　這三個石匠，雖然做著同樣的工作，但是他們對待工作的態度卻完全不同。同樣的工作有人視為負擔、有人視為謀生方式、但也有少數人視為畢生追求的事情。

　　第 1 個石匠只考慮眼前報償，最終只能成為一個平庸的作業員。
　　第 2 個石匠致力提高自己的專業水準，後來成為優秀的工程師。 第 3 個石匠才配當卓越者，因為他既看到了事物的整體發展的前景，又認識到工作的意義。第 3 個石匠是人類理想的化身，他身上肩負著人類的使命，正是有了這些身懷願景與夢想的人，人類文明才得以發展與進化。

　　人生定位、願景夢想與方向選擇，主導人生的一切成敗，你最終會成為你相信的人。愛因斯坦說：「人因夢想而偉大，夢想因人而實現。生命會給你所要的東西，只要你不斷的向它要，只要你在要的時候講得清楚。」

　　一旦你非常清楚要做什麼，宇宙就會幫你如願以償。夢想之所以偉大，是因為我們為夢想付出努力，實際執行，過程會有挫折、跌倒，但我們不斷學習與調整，讓自己每次都重新站起來，一步一步的接近它。

花盆裡長不出參天大樹，餡餅再大也大不過鍋。許多奮鬥成功的人經常提醒大家：不可思議的夢想才能產生不可思議的結果，小心寫下你的夢想，萬一不小心就可能實現。而且目標一定要寫下來，因為寫下來的夢想就會產生神奇的力量。其實你與夢想之間僅隔著一層恐懼，在你決定衝破桎梏的那一瞬間，也許你的路途才真正開始。起初所擁有的只是夢想和毫無根據的自信而已，但一切就從這裡開始，Just Do It。

二、將願景或夢想轉成具體的目標，並依據具體目標擬定策略與行動計畫

將腦海裡無形概念的願景或夢想轉化為具體可行的目標，並制定相應的策略和行動計劃，可以按照以下步驟進行：

1.明確定義願景或夢想：首先，明確定義你的願景或夢想，確保它們是具體、明確且可衡量的。例如，如果你的夢想是成為一位成功的企業家，那麼你可以具體定義你想要創建的企業，你希望在多少年內實現什麼樣的成就。

2.分解目標：將願景或夢想分解為更小的、可操作的目標。將大目標分解為中期目標和短期目標，這樣可以使目標更具體、可測量和可實現。例如，你的夢想是成為一名成功的作家，你可以將這個夢想分解為以下目標：

● 中期目標：三年內完成一本長篇小說的寫作和編輯。
● 短期目標：
（1）閱讀和研究類似題材的優秀作品，以提升寫作技巧和靈感。
（2）每天寫作一定的時間，確保進度和保持寫作習慣。

（3）參加寫作工作坊或課程，以學習專業的寫作技巧和技巧。

（4）尋找代理人或出版商，以將作品推向市場並發表出版。

透過分解目標，你可以專注於每個小目標的達成，逐步實現你的夢想成為一名成功的作家。每次達成一個目標，你都會感到成就感，並為接下來的目標提供動力和動力。

3.設定SMART目標：確保每個目標都符合SMART的5S原則，即具體（Specific）、可衡量（Measurable）、可達成（Achievable）、相關（Relevant）和有時限（Time-bound）。這樣可以使目標更清晰、具體且易於追蹤。

4.制定策略和行動計畫：針對每個具體目標，制定相應的策略和行動計畫。策略是指達成目標的高層次方法和方向，而行動計畫則是具體的行動步驟和時間表。例如，如果你的目標是增加餐廳的知名度，你的策略可以是進行網路營銷和社交媒體宣傳，而行動計畫可以是每週發布一篇部落格文章，定期更新社交媒體內容。

5.執行和評估：將行動計畫付諸實施並持續執行。定期評估目標的進展和成果，並根據需要進行調整和修正。保持對目標的專注，持續追求行動計畫，並及時處理遇到的挑戰和困難。

6.持續學習和成長：在實施過程中不斷學習和成長。評估每個目標的達成情況，從成功和失敗中獲取寶貴的經驗教訓，並應用於下一輪的目標制定和行動計畫。

以上這些步驟可以幫助你將願景或夢想轉化為具體的目標，並提供

一個系統化的方法來制定策略和行動計劃。這樣你就能夠更有針對性的實現你的願景和夢想。

三、依據願景或夢想，重塑經營理念、企業文化或個人的信念系統

我們是帶著使命來到世上，透過認識自己的回溯一生，這將帶領我們深入探索自己的內在世界，並進一步深入了解自己的天命與核心價值觀，並依此建構或重塑自己的「起始點」信念系統，進而開創與邁向脫胎換骨的美好理想人生。並在這個起始點上，我們開始定期反思自己的天賦→價值觀→信念→思維→心態→觀點與行為，並且抱持開放的心態，面對與大量吸收新的觀念和知識。

重塑信念的重要性在於它對我們的思維和行為產生深遠的影響。譬如，我們渴望成為富人，就必須培養富人的信念和思維方式。這包括相信自己有能力實現財務成功，相信財富是可持續增長的，並相信價值創造和投資是致富的關鍵。

透過重塑信念，我們能夠改變對財富和成功的看法，並調整我們的行動方向，以符合這些信念。這可能包括設定具體的財務目標，制定理財計畫，積極尋找投資機會，並保持對經濟與金融等知識的學習和成長的持續追求。

重塑富人信念也涉及消除貧窮思維和負面的金錢觀念，並培養積極的財務心態和自信。這需要自我反思、學習和持續的心理成長工作。

總而言之，你的願景與夢想是什麼，你就必須重塑你的信念與思維方式，以符合達成願景與夢想的要求。譬如重塑富人思維不僅要改變我

們對財富的看法，還要推動我們採取積極的行動，有計畫的追求財務自由和實現個人目標。

重塑起始點扮演著重要的角色，因為未來的一切都是建構在這個起始點的信念系統之上。信念決定思維，思維決定心態，心態決定觀點與習慣，習慣形成行為。核心價值觀與天命最終形成了我們的信念，信念則是主導著我們的一切選擇，而一連串的選擇決定了我們的一生。如果我們在重塑起始點時，沒有獲得充分的覺察和理解，可能會對未來的發展產生負面影響。因此，我們需要以真誠的態度對待起始點，並努力確保我們的信念系統是建立在穩固的基礎之上。

未來的發展並不僅僅取決於我們的能力，而更取決於我們的選擇和方向。起始點是我們選擇未來道路的出發點，而不是我們當下的能力。我們可以透過深入的自我探索和學習，不斷調整我們的方向，以達到我們渴望的成長和發展。然而，起始點並不一定要完美無瑕，它可以是一個未完成的開始，因為我們的信念系統是不斷演變和發展的。重要的是要持續努力，保持開放和學習的態度，並不斷修正和調整我們的信念系統，使其逐漸接近我們的天命，進而充分的發揮天賦潛能與實現自我。

所以，讓我們透過首次的認識自己，嚴謹審慎的以一個全新的起始點開始我們的天命內驅力旅程吧！讓我們勇敢的探索自己的內在世界，並尋找新的觀點和知識，這將成為我們未來成功的基礎。

這樣的認知覺醒不僅啟發了我們的成長，也為未來的階段提供了堅實的基礎。認識自己與天命的尋找，是一場持續反思與成長的過程，有以下幾個基本原則，值得我們去重視：

● 真誠面對自己。
● 只能自己向內反思，並在實踐中，才能悟到，無法外求。
● 必須走出舒適圈，勇敢踏向冒險的英雄之旅。
● 挑戰與困難越大，就越容易找到天命。

透過認識自己，我們將探索自己的內在宇宙，發現無限的潛能和無窮的可能性。這個階段要求我們勇敢面對自己的內心，瞭解自己的價值觀、信念和情感狀態，並以此作為發展的重塑基礎。這是一個感人且意義深遠的過程，讓我們更加真實的活在這個世界上，展現我們內在的光芒。

依據個人的願景或夢想，建構與重塑個人的信念系統，可以通過以下步驟進行：

1.明確定義願景或夢想：明確的界定你的願景或夢想，思考你希望自己成為什麼樣的人，以及你希望實現什麼樣的成就和影響。確保你的願景或夢想是具體而明確的，這樣你才能更好的擬定相應的信念系統與思維方式。

2.審視現有的信念系統：回顧你目前的信念系統，包括你對自己、世界和生活的看法。評估這些信念是否有助於實現你的願景或夢想，並確定是否有一些信念需要進行調整或改變。

3.制定新的信念系統：基於你的願景或夢想，制定新的信念，這些信念應該與你的願景或夢想相一致並支持你實現它們。這可能包括對自己能力的信心、對成功的信念、對持續學習和成長的重視等。

4.實踐和強化信念系統：將這些新的信念應用於你的日常生活中。在面臨挑戰或困難時，回想並堅信自己的信念，再採取相應的行動。這些行動將有助於強化你的信念並加強對願景或夢想的承諾。

5.反思和調整：定期反思你的信念系統，評估它們對實現願景或夢想的影響。調整那些不再符合你願景或夢想的信念，並保持對成長和改進的開放態度。

6.持續學習和成長：不斷學習和提升自己的知識和技能，並將這些新的學習與你的信念相結合。這樣你將能夠更好地應對挑戰，並進一步發展你的信念系統。

建構與重塑個人的信念系統需要自我反省和堅定的決心。透過持續努力和實踐，你將能夠建立一個與你的願景或夢想相一致的信念系統，並以此來引導你的行為和選擇，實現個人的成長和成功。

同時，在發展嶄新的信念系統並邁向嶄新的理想人生時，應該積極的朝著以下方向努力：

1.成長思維：培養一種成長思維，相信自己的能力可以通過努力和學習不斷發展和提升。相信自己的潛力是無限的，並對學習和成長保持開放的態度。

2.積極正面：培養積極的思維和正面的態度。相信自己可以克服困難和挑戰，並尋找機會和解決方案。學會轉化困難為成長的機會，保持積極、進取與樂觀的心態。

3.自信自尊：培養自信心和自尊心，相信自己的價值和能力。接受自己的獨特性，並尊重和欣賞自己的成就和努力。避免與他人進行不必要的比較，專注於自己的成長和進步。

4.彈性和適應性：發展彈性和適應性的思維方式，能夠適應變化和不確定性的情境。學會從失敗和挫折中學習，並快速調整策略和計畫。保持開放的心態，接納新觀點和新想法。

5.責任和自律：培養責任感和自我約束力，對自己的行為和選擇負責。確立明確的目標和計劃，並努力達成它們。保持堅持和毅力，克服拖延和過度依賴外部激勵的傾向。

6.感恩和慈悲：保持感恩的心態，珍惜生活中的每一個經驗和人際關係。對他人懷有慈悲和善意，願意幫助和支持他人。培養關懷和共享的價值觀，促進和諧的人際關係和社會環境。

以上這些信念、思維和心態的發展可以幫助你建立一個積極、有彈性和自信的內在世界，進而影響你的行為和選擇，實現個人的成長和幸福。

此時，你要相信，天命內驅力就是你自己強大的力量，足以改變你的人生。我們都是跋山涉水，走了好長的路，走了那麼遠，全是為了抵達自己母體的本性，而所有這一切可以改變你生命的力量都已蘊含在心中，就看你是否能夠啟動這股無限可能性的強大內驅力，並相信你能創造奇蹟。

終其一生，我們要做的不過是要深入內心，去發現你真正是誰，以

及活出本性的真正自己。當我們真的能為自己負起責任，檢視自己的思維模式與心態，清除消極信念，釋放舊有的慣性模式，重塑信念系統，我們將為自己的內在空間，選擇了一塊積極樂觀的思想土壤，並且播下祈禱的種子，用感恩和愛澆灌，紮根於身體的覺察，相信在未來，你真的就能綻放出生命的絢麗之花！

四、埃隆‧馬斯克的願景、目標、個人信念、企業理念與文化

埃隆‧馬斯克是一位創業家和企業家，他擁有多個公司，包括特斯拉汽車、SpaceX 太空探索技術公司和太陽能城市公司。他的天命與使命可以被認為是推動人類的科技進步，尤其是在清潔能源和太空探索方面。他的願景是建立一個可持續能源的未來和實現人類移民到火星的目標。

埃隆‧馬斯克的天命內驅力驅使著他努力追求這些目標。他相信可再生能源的重要性，並致力於推動電動汽車和太陽能技術的發展。他的企業 SpaceX 的目標是實現太空探索和人類登陸火星。這些目標不僅對他個人而言具有重大意義，也對人類的未來發展具有重要影響。

埃隆‧馬斯克通過設定具體的目標和制定相應的策略來實現他的願景和夢想。他致力於創新技術和解決挑戰，並將公司帶向可持續發展的道路。他的努力和專注使得特斯拉成為領先的電動汽車製造商，並使 SpaceX 成為太空探索領域的重要參與者。

埃隆‧馬斯克的成功和成就是他的天命內驅力、願景和目標之間相關聯的鮮明例子。他的內驅力驅使他不斷追求創新和突破，並為實現他的願景和夢想而努力奮鬥。他的目標設定和持之以恆的努力使他取得了

令人瞩目的成果，同時也推動了科技和能源領域的發展。這個例子突顯了天命內驅力和目標之間的緊密關聯，以及它們如何共同促使個人實現自己的潛能和影響世界的進步。

　　埃隆‧馬斯克的成功和目標的實現除了天命內驅力和個人目標外，企業文化的信念也發揮了重要的作用。伊隆‧馬斯克所創辦的公司都擁有明確的企業文化和價值觀。這些價值觀通常與他的天命和願景密切相關。特斯拉和 SpaceX 的企業文化強調創新、技術領導和可持續發展。他們相信透過科技的推動，可以改變能源行業和太空探索領域的現狀，實現更清潔、可持續和人類移民火星的未來。

　　這些企業文化的信念在企業內部和外部都發揮了引領和激勵的作用。內部員工被激勵著共同追求公司的使命和目標，並致力於創新和技術領先。這種企業文化的信念也吸引了志同道合的人才和合作夥伴，形成了一個共同追求天命和願景的團隊。

　　同時，這些企業文化的信念也影響到外部的利益相關者和社會大眾。特斯拉和 SpaceX 的使命和價值觀反映了對環境保護和可持續發展的承諾，引領了整個行業的變革和人們對清潔能源的關注。他們的成功和影響力不僅體現在技術和產品層面上，更體現在對社會和環境的貢獻上。

　　因此，埃隆‧馬斯克的天命內驅力、目標和企業文化的信念是密不可分的。這種綜合作用使得他的事業能夠持續成長和實現目標，同時也塑造了一個具有影響力的企業品牌。

第十三章 | 逆境的挑戰

In the midst of adversity, we discover our true strength.
在逆境中，我們發現自己的真正力量。

—奧德特・史密斯

Adversity is a test, not a destination.
逆境是一個考驗，而不是結局。

—羅伯特・H・舒勒

Adversity is an opportunity for growth, not an excuse for failure.
逆境是成長的機會，而不是失敗的藉口。

—傑克・加倫

Adversity does not stop us, it only sharpens our courage and resilience.
逆境不會阻止我們前進，只會磨練我們的勇氣和堅韌。

—艾曼紐爾・凡・康德

生命的活動是由外在世界的「逆境外驅力」和內在世界的「天命內驅力」，這兩股強大的力量所共同推動的。逆境外驅力可以被視為「熵增」的過程，即外在無常的挑戰，這是被科學家認定為至高無上的宇宙法則。而生命則是一種「負熵」，它對逆境做出回應，通過天命內驅力實現逆熵的過程。因此，人生就是一場逆熵的旅程，我們在面對逆境和挑戰時，透過內在的驅力和天命的指引，不斷成長、改變和超越，實現我們的目標和意義。生命的本質可以說是一個充滿學習、發展和成長的過程，這讓我們在積極迎接逆境時，不但是與痛苦共舞，還與自己的天命共舞，開啟豐盛而有意義的人生之旅。

人生不如意十之八九，逆境是人生中無法避免的最主要部分，它們可能是來自外部環境的挑戰，也可能是來自內心的困惑和挫折。然而，正是在逆境中，我們才有機會展現真正的內在力量和韌性。

逆境可以讓我們更深入的認識自己，挑戰我們的信念和價值觀，並迫使我們尋找創新的解決方案。當我們面對逆境時，天命內驅力會成為我們的動力和指南，幫助我們克服困難，並保持前進的勇氣。

一、逆境的本質：了解逆境對我們的影響以及面臨逆境的常見挑戰

在逆境的本質中，我們需要了解逆境對我們的影響以及面臨逆境時常見的挑戰。逆境可以是各種困難、障礙或壓力的集合，可能來自個人生活、職業發展或其他方面。它們可以對我們的心理、情緒和行為產生重大影響。

面臨逆境時，我們可能會遇到以下常見的現象：

1.情緒壓力：逆境可能引起焦慮、憤怒、失望、沮喪等負面情緒的湧現，這些情緒可能會干擾我們的思考和行動。

2.勇氣和堅持：面對逆境時，我們需要勇氣和堅持，以應對挑戰並持續追求目標。

3.自我懷疑：逆境可能使我們懷疑自己的能力、價值和選擇，這種自我懷疑可能影響我們的信心和動力。

4.解決問題的能力：逆境常常需要我們解決問題和面對困難，這需要我們具備分析、創新和執行的能力。

5.彈性和適應能力：逆境可能需要我們調整和適應新的狀況，並找到新的方法應對變化。

了解逆境的本質和面臨的常見挑戰，有助於我們更好的應對逆境。這可以幫助我們預期挑戰，制定有效的應對策略，並保持心態的積極和堅韌。逆境雖然具有挑戰性，但也是個人成長和發展的機會。

二、逆境與成長：逆境成為個人成長和發展的機會

儘管逆境可能帶來困難和壓力，但它們同時也為我們提供了學習和成長的機會。逆境可以幫助我們發現內在的潛力和堅韌力量。當我們面臨困難和挑戰時，我們被迫超越自己的舒適圈，尋找新的解決方案和策略。這種挑戰性的情境能夠激發我們的創造力和創新能力，並促使我們發揮潛在的能力和才智。

逆境也可以幫助我們反思和成熟。當我們經歷逆境時，我們被迫面對自己的弱點和局限性。這種反思和自省的過程使我們更加了解自己，並有機會成長和改進。逆境可以讓我們重新評估自己的價值觀、目標和優先事項，並尋找更具意義和可持續的方式來生活和工作。

此外，逆境還能夠培養我們的毅力和堅持不懈的精神。面對挑戰和困難時，我們需要努力堅持、克服困難並保持前進的動力。這種持續努力和堅持的精神可以在我們的人生和職業發展中帶來長期的成功和成就。

總之，逆境雖然具有困難和壓力，但它們同時也是個人成長和發展的機會。通過面對逆境，我們可以發現自己的潛力、反思和改進自己，並培養堅持不懈的精神。逆境是一個重要的學習和成長平台，幫助我們在面對未來的挑戰時更加堅強和有自信。

三、面對逆境的心態和態度：正向思維和積極應對逆境

在面對逆境時，心態和態度發揮著關鍵的作用。正向思維和積極應對逆境的方法可以幫助我們更好的應對挑戰，促進個人成長和發展。

首先，培養一種積極的心態是至關重要的。這意味著要以積極、樂觀和希望的態度面對逆境。選擇相信自己有能力克服困難，並尋找解決問題的方法。將逆境視為成長的機會，並相信自己可以從中學到寶貴的經驗和教訓。

其次，保持冷靜和理性也是重要的。面對逆境時，情緒可能變得波動不定，容易感到沮喪或焦慮。然而，這時候要盡量保持冷靜，不要讓

情緒左右自己的思考和行動。運用理性思考來分析問題，找到解決方案。

同時，要學會接受和處理不可控的因素。有些逆境是我們無法控制或改變的，這時候需要學會接受現實並尋找應對的方式。集中精力在我們可以控制的方面，努力改變自己能夠改變的事物。

此外，建立一個良好的支持系統也是重要的。在面對逆境時，和親朋好友交流，尋求他們的支持和鼓勵。他們的理解和支持可以給予我們勇氣和動力，幫助我們更好的應對逆境。

最後，不要忘記自我照顧和放鬆。逆境可能帶來壓力和疲憊，因此要確保給自己足夠的休息和放鬆的時間。找到一些能夠紓解壓力的方法，如運動、冥想、閱讀等，讓自己保持身心的平衡和健康。

總之，**面對逆境時，培養正向思維和積極應對的態度是至關重要的**。保持積極、理性、接受和支持的態度，並找到應對壓力和放鬆的方法。這樣可以更好的應對逆境，實現個人成長和發展。

四、運用天命內驅力克服逆境：運用內驅力和信念來克服逆境，保持目標的達成

運用天命內驅力來克服逆境是一個重要的策略，它可以幫助我們保持對目標的達成和持續的動力。以下是幾個方法和步驟：

1.重新連結天命與願景：回顧你的天命和願景，思考逆境如何影響你的目標和夢想。明確的將逆境視為達成目標的一部分，並將其視為成長和學習的機會。

2.強化信念系統：檢視你的信念系統，確保它與你的天命和願景相符。強調你的信念，並相信你有能力克服逆境並實現目標。積極培養正面的自我對話，以增強自信和動力。

3.找到動機和意義：深入思考逆境帶給你的動機和意義。思考逆境如何塑造你的品格和價值觀，以及如何促使你成長和改進。找到與逆境相關的動機和意義，這將成為你堅持下去的力量。

4.制定具體的目標和行動計畫：將願景和夢想轉化為具體的目標，並制定相應的行動計劃。確保目標具有可衡量性、可實現性和可操作性。細化你的目標，分解成小步驟，這樣你可以更容易的追踪進度並持續前進。

5.靈活應變：逆境可能會帶來變化和挑戰，因此保持靈活應變的能力是關鍵。調整你的計劃和策略，根據情況作出適應性的改變。保持開放的心態，尋找新的機會和解決方案。

6.培養心理彈性：心理彈性是克服逆境的關鍵能力。這包括適應能力、調整能力和積極應對壓力的能力。學習接受變化、轉換觀點和尋找解決方案的能力，這將使你更具抗壓性和適應力。

　　透過以上方法，你可以運用天命內驅力來克服逆境，保持目標的達成。記住，**逆境是成長和發展的機會，用正面的心態和堅定的信念面對，你將能夠克服挑戰並實現自己的目標。**

五、心理和情緒的管理：有效的策略來處理逆境帶來的壓力和情緒困擾

心理和情緒的管理在面對逆境時非常重要，除了培養積極與正向的心態之外，以下是一些有效的策略可以幫助你處理逆境帶來的壓力和情緒困擾：

1.自我意識和情緒調節：保持對自己的情緒和內在狀態的觀察，學會認識和理解自己的情緒反應。當你感到壓力或情緒不穩定時，試著冷靜下來，深呼吸，並問問自己你現在真正需要什麼。

2.情緒釋放和表達：找到一個適合你的方式來釋放和表達情緒，例如透過運動、寫作、藝術創作或與朋友聊天。這可以幫助你釋放壓力，減輕情緒壓力並提升情緒健康。

3.建立支持系統：與家人、朋友或專業人士建立支持系統，分享你的困擾和壓力。他們可以提供支持、理解和建議，幫助你處理情緒困擾並找到解決方案。

4.注重自我照顧：在逆境中特別要注意自己的身心健康。確保得到足夠的休息和睡眠，保持均衡的飲食，適度運動，並培養良好的生活習慣。這些都有助於增強你的抗壓能力和情緒穩定性。

這些策略可以幫助你有效的管理逆境帶來的壓力和情緒困擾，並促進你的心理健康和適應能力。記住，關愛自己的心理和情緒狀態是實現目標的重要一環。

　　逆境並非不可戰勝，而是一個成長的契機。通過了解天命內驅力和適當的應對策略，我們可以在逆境中找到堅韌和勇氣，實現自己的目標和追求個人的使命。讓我們一起超越逆境，進而成就更大的成就和內心的平靜。

第十四章｜成長的反思

Failure is not a crime. The real crime is not learning from it.
失敗並不可怕，真正可怕的是你從中學不到任何東西。

—約翰・麥克唐納

The true meaning of life is to grow and change.
人生的真正意義在於成長和改變。

—約布拉・溫弗蕾

True wisdom is not just knowing how to act, but knowing when to pause, reflect, and adjust.
真正的智慧不僅僅是知道如何行動，更是知道何時停下來反思和調整。

—約翰・C・麥考德

Change is not an event, it is a process. Continuous learning and adjustment are the keys to lasting success.
改變不是一個事件，而是一個過程。持續的學習和調整是實現持久成功的關鍵。

—皮埃爾・德・顧拜旦

Growth is not a straight line, it is an iterative process that requires ongoing reflection and self-adjustment.

成長並不是一條直線，它是一個不斷迭代的過程，需要持續的反思和自我調整。

—奧普拉・溫弗蕾

　　人生是一場充滿不斷修正、反思和優化的旅程，我們不斷探索自己的本質、本性和真實性，逐漸接近我們最真實的自我。在這個成長過程中，糾錯和調整是非常重要的執行步驟。通過定期的反思和檢討，我們可以確認自己的成長障礙，並使用 PDCA（Plan-Do-Check-Action）這個有效的方法來實現反思和成長的目標。以下是詳細的 PDCA 過程步驟：

1.計畫（Plan）：在這一階段，我們明確設定自己的目標和期望。這包括確定我們希望達到的成長目標，並制定可行的計劃和策略來實現這些目標。我們需要考慮所需的資源和行動步驟，並制定一個明確的時間表和里程碑，以幫助我們追蹤進展和衡量成果。

2.執行（Do）：在這一階段，我們積極的執行計劃中的行動步驟。我們主動參與實際的學習和成長活動，例如學習新的技能、尋求專業指導、參與培訓課程或挑戰自己的舒適區。這個階段的關鍵是主動行動和實踐。

3.檢查（Check）：在這一階段，我們評估自己的進展和成果，檢視是否達到了預定的目標和期望。這可以通過自我評估、回顧和反思來實現。同時，我們也可以尋求他人的意見和反饋，以獲得更全面的視角。檢查階段幫助我們了解成長中的強項和弱點，並識別需要改進的領域。

4.行動（Action）：基於檢查階段的結果和反饋，我們進行必要的調整和改進。這可能包括修正計劃、調整策略、獲取更多資源或尋求新的機會。行動階段是持續學習和成長的關鍵，它鼓勵我們在反思的基礎上做出實際的改變和行動。

在整個天命內驅力之旅中，我們透過自我認識的旅程，深入探索內在的需求和成長潛能。我們經歷了天命的追尋，找到了自己獨特的使命和目標。接著，我們將這些願景轉化為具體的實現，將大目標細分為中期和短期目標，並制定了相應的策略和行動計劃。在這個過程中，我們面臨了逆境的挑戰，但我們運用天命內驅力的力量克服困難，保持了目標的達成。

這個旅程不僅是一次內在的成長，也是對自我的糾錯和調整的機會。我們不斷的檢視自己的信念和價值觀，調整和優化我們的思維和心態，以適應不斷變化的環境和需求。我們學會了持續的學習和成長，並且將這種學習應用於我們的生活和工作之中。

　　天命追尋的最終步驟是承諾與行動。在這個旅程的最後，我們更要明白承諾與行動的重要性。無論我們的天命是什麼，無論我們追尋的目標是什麼，只有通過真正的承諾並付諸行動，我們才能實現我們的天命，讓它成為現實。我們將天命與我們的價值觀相結合，並通過持續的努力和奮鬥，不斷邁向更高的成長和成就。無論我們面臨多大的挑戰，只要我們堅持自己的信念，並勇敢的承諾與行動，我們將成為真正的自我，實現我們的天命。

　　人生是一場學習成長的過程，
　　人生不在於追求成功、真理與答案，
　　而是不斷的自我糾錯與自我調整，
　　進而逐漸接近真理，
　　因為我們自己就是：
　　獨一無二的真理與答案，天上神與佛，人間英雄與超人的化身。

後記

　　踏上《認知覺醒：發掘天命內驅力的能量之旅》，讓我們深入了解自我，探索核心價值觀，發現天賦和激情，並建立目標與願景。透過逆境與成長的過程，我們學會了糾錯、調整、持續學習和追求自我實現。

　　馬斯洛，這位美國心理學大師，透過他的研究，描繪出偉人中普遍存在的 16 種人格特質。那麼，讓我們一起來探索這些自我實現者的人格特質，也許我們可以在他們身上找到更多關於生活的智慧。

1. 【超凡判斷力】他們能夠深入觀察事情，並從當下預測未來的走向。
2. 【接受現實】無論順境或逆境，他們都能接受並尋求改善現狀。
3. 【單純無偽】他們對名利沒有強烈的需求，而是選擇真誠待人。
4. 【人生使命感】注重解決公共問題，並將關注點放在社群而非自我。
5. 【享受獨處和群居】他們喜歡獨處的時光，也樂於和群體相處。
6. 【獨立自主】他們不依賴他人來獲得安全感，而是將喜樂分享出去。
7. 【欣賞生活簡單事物】善於從平凡的生活中找到樂趣，並欣賞其美。
8. 【深層宗教經驗】許多人都曾經歷過"天人合一"的體驗。
9. 【同情心】儘管看到人類的劣根性，他們仍然懷有愛心。
10. 【深入人際關係】朋友數量可能不多，但人際關係卻十分深入。
11. 【尊重他人】他們能尊重不同階層、種族和背景的人。
12. 【智慧明辨是非】他們不會用絕對二分法去判斷人或事。

13.【幽默哲理】他們的言談中充滿了幽默與哲理。

14.【真情流露】他們如同天真的小孩，充滿創造性並真誠地展現情感。

15.【開明心態】儘管生活方式傳統，他們的心態卻是開放的。

16.【滿足於追求真善美】他們為追求真善美而犧牲，並從中獲得滿足。

　　雖然這樣的人只占世界的1%，但我們都有機會向他們學習，成為更好的自己。我們的成長需要面對未知與變化，需要冒險，需要嘗試。但只有如此，我們的人生才會更加豐富與有意義。讓我們勇敢的去成長，去追求更美好的自我，並最終找到屬於自己的智慧之路。

　　在這個旅程中，我們不斷發現自己的價值觀、優勢、夢想和目標。逆境讓我們學會了堅韌和反思，而行動則將我們帶向成長和實現。這是一個永無止境的旅程，我們必須持續努力、調整和追求更好的自己。

　　這段旅程可能充滿挑戰和困難，但它也充滿希望和成長。透過啟發天命內驅力的智慧之旅，我們能夠找到內在的力量和智慧，實現真正的自我。讓我們在這個旅程中保持謙卑和開放的心態，相信自己的潛力，並用行動來創造自己渴望的生活。

尾聲

　　人類的進化可以被歸納為三個階段：物質神話階段、精神哲學階段和靈性科學階段。

　　在物質神話階段，人類主要著重於物質世界的追求和權力的追逐。這是人類歷史上早期的階段，人們對於生存需求和物質滿足的追求占據主導地位。這個階段的特點是以神話、傳說和宗教故事為基礎的信仰體系，人們尋求超自然力量的庇護和指引。

　　隨著時間的推移，人類進入了精神哲學階段，開始對生命的意義和存在的本質進行深入思考。這個階段（公元前 4～6 世紀）出現了許多哲學家、思想家和宗教領袖，如老子、佛陀、孔子、柏拉圖與耶穌等，他們提出了各種關於倫理、道德、生命目的和人類精神成長的理論。代表性的作品包括《道德經》、西方哲學的諸多思想流派、佛教經典與基督聖經。

　　進入靈性科學階段後，人類開始利用科學和科技的進步來深入瞭解自身和宇宙的運作。這個階段涵蓋了量子力學、認知科學、人工智慧等領域的研究，揭示了人類心靈和宇宙間的關聯性。這些科學的發現和洞察力為我們提供了新的視角，推動人類對於靈性和意識的理解與不斷的深化。

量子力學的微觀世界、哲學的本體界、神學的神界和佛界，在某種程度上具有高度相似的概念和特質。它們都指向一種超越物質世界的無形存在，探索萬物在高維世界裡的本質和本性。

　　在量子力學的微觀世界中，物質被揭示為不確定、波粒二象性和量子疊加的狀態。這個世界超越了經驗觀察的常規邏輯，呈現出一種非常規的本質，並帶來了對於現實的深刻思考。

　　哲學的本體界，則是探討最高維度存在的本質和本性，思考存在的根源和真實的本質。它涉及到超越感官經驗的領域，探索存在的意義和價值，並尋求人類生命和宇宙的根本真相。

　　神學的神界和佛界，則關注的是無形的超越存在，如神、佛、超自然力量等。這些領域涉及到對於宇宙起源、宗教信仰和靈性實踐的思考，並試圖揭示萬物的本質和人類與宇宙之間的關係。

　　儘管它們從不同的角度和傳統出發，但這些概念都指向一個無形存在的領域，探索萬物的本質和本性。它們都帶來了對於現實的深刻思考，超越了常規的感官經驗，並激發了人們對於生命、宇宙和存在的深入追問。

　　這三個階段相互交織並影響著彼此。從物質神話到精神哲學，再到靈性科學，人類進化的軌跡展現了對於自身和宇宙的追求和探索。每個階段都為我們提供了新的智慧和啟示，讓我們更加全面的理解和體驗人類的存在。

　　維根斯坦是二十世紀最重要的哲學家，他對於精神哲學的觀點和思考與對於將精神哲學轉向靈性科學具有重要的關鍵影響。他提出了語言

遊戲和語言的局限性，認為思想和哲學只是不同語言遊戲的表達，無法提供確定的答案或具體的步驟。

在精神哲學中，確實缺乏一個統一的本質或確定的步驟，因為靈性體驗是個體化的，每個人的體驗都是獨特的。傳統上，人們透過靜心、禪定、冥想等實踐方法來探索靈性層面，並尋求覺醒和智慧。

然而，隨著靈性科學的興起，我們開始將靈性層面納入科學的研究範疇中，並嘗試提供具體的步驟和方法。**在靈性科學中，「天命內驅力」和「後設認知」是主要的系統領域。**

「天命內驅力」涉及到人們內在的動力、信念和價值觀，以及追尋生命目的和意義的能力。「後設認知」則關注於提升自身的生命維度並對自己的認知和思考過程的反思，以提高自我意識和理解。

透過靈性科學的實踐，我們可以透過具體步驟的方法和技巧，並搭配如：後設察覺、靜心冥想、正念等活動的幫助，來培養和發展「天命內驅力」和「後設認知」的能力。這些具體的步驟和方法可以幫助我們更深入的探索自我和生命的本質，並提升靈性智慧和成長。

維根斯坦的觀點和思考對於將精神哲學轉向靈性科學提供了重要的理論基礎和啟示，使我們能夠更具系統的探索和實踐「天命內驅力和後設認知」，以達到更深層次的靈性開展和成長。

靈性與科學的融合是必要的，因為它們彼此可以互相補充和豐富。靈性提供了理論基礎，探索人類存在的深層意義和超越物質世界的層面。科學則提供了具體的方法和工具，用於觀察、測量和解釋自然現象。

靈性的理論基礎可以啟發科學家思考更深層的問題，超越純粹的觀察和實驗。它提供了關於意義、價值和人類與宇宙之間關係的思考框架。科學則提供了驗證和驗證這些靈性理論的方法，透過實證和重複性確保結果的可靠性。

透過融合靈性和科學，我們可以建立一個更完整和綜合的理解世界的框架。靈性提供了問題的根源和目標，而科學則提供了實現這些目標的具體方法和步驟。這種融合可以幫助我們更全面的認識和探索人類存在的意義和價值，同時保持對於經驗和觀察的科學嚴謹性和客觀性。

靈性科學就是：
大膽假設
小心求證

每個人都有屬於自己的時區，既不會太快也不會太慢，我們不必把自己的時區與他人相比，並要相信生命中的一切都有美好的安排。

在我們的人生中，第一個階段是追求表象的物質階段。這一階段的特點是對外在世界的渴望，對名利、權力和物質的追求。我們像是在無盡的大海中尋找閃爍的瑪瑙，滿心期待著能找到最璀璨的寶石。但很多時候，我們所追求的，卻只是海市蜃樓。我們花費大量的時間和精力，卻發現自己在物質的追求中失去了自我。

當我們陷入這個階段，我們常常會感到困惑和焦慮。我們害怕失去已經得到的，又對還未到手的充滿憧憬。我們失去了生活的目標和意義，成為了名利的奴隸。但是，就在我們最困惑、最痛苦的時候，我們也有機會突破自我，走向下一個階段。

這就是我們的第二個階段：內在的精神追求。當我們開始反思自我，開始尋找內心的寧靜，我們就進入了這個階段。我們開始成長了，開始認識到物質世界之外的更大世界。但這個階段也並非一帆風順，我們的內心可能會充滿疑惑和掙扎，我們可能會對自我、對生活、對宇宙有很多未解的問題，外在的紛紛擾擾，讓我們感到十分的沮喪與挫折。

　　在這個階段，我們需要學習放下舊有的觀念和信念，開始去接受新的思維和視野。這需要極大的勇氣和堅韌，需要我們願意直面自己的恐懼和疑惑，願意去接受未知的挑戰。

　　但是，只有當我們勇於面對這些挑戰，我們才能真正的成長，我們才能找到真正的自我。這一過程，就像一個蛹變成蝴蝶，雖然困難重重，但是最終會帶來無比的喜悅和自由。

　　當我們觸及到自我內在精神的核心，我們就踏上了第三個階段：天命內驅力的境地。在這個階段，開悟不再是遙不可及的理想，而是真實可覺的經驗。我們不再受制於物質世界的束縛，也不再被內心的迷惑與疑惑所困擾。內在的聲音變得更加清晰，內在的力量也變得更加強大。

　　這是一種內心的平靜，一種超越了平凡生活紛擾的平靜。這種平靜來自於對生命本質的理解，來自於對宇宙奧秘的領悟。在這種平靜中，我們找到了生活的意義，找到了存在的價值。

　　開悟後的我們，不再受過去的束縛，不再受未來的牽絆，而是活在當下，活在真實的瞬間。我們體驗到生命的喜悅，體驗到存在的美好。我們的內心充滿了愛，充滿了光明。我們與萬物建立起了深刻的聯繫，與宇宙建立起了深厚的連結。

這個階段的我們，已經真正的覺醒。我們的視野變得更加寬廣，我們的心靈變得更加深邃。我們的人生變得更加豐富，更加有意義。我們與他人的關係也變得更加深厚，更加珍貴。

　　我們會以愛和理解去對待他人，以智慧和慈悲去面對生活。我們會用我們的愛去感化他人，用我們的智慧去照亮世界。我們會成為光，成為愛，成為真我。

　　這就是天命內驅力階段的美妙境界。這是一種超越了自我，超越了物質世界，達到了內心深處的境界。在這個境界中，我們體驗到了真實的自我，體驗到了無窮的愛，體驗到了終極的真理。這是一種無法用言語形容的體驗，只有通過內在的覺察，通過直接的經驗，才能真正的理解和感受。

　　這就是我們人生的三個階段，每一個階段都充滿了挑戰和困難，但也充滿了學習和成長的機會。在我們的旅程中，我們會遇到煩惱，我們會痛苦，我們會迷失。但只要我們勇於面對，堅持夢想，這些煩惱和痛苦，就會變成我們的智慧，變成我們前進的力量。

　　所以，讓我們繼續前進，讓我們以勇氣和智慧去面對生活的挑戰。只要我們堅持下去，無論我們在哪個階段，都會找到屬於自己的答案，都會找到屬於自己的人生。

　　無論你現在處於哪個階段，都請記住，每一個階段都有其必要性和價值。從物質追求的表象，到精神的內省，再到自我實現的天命，每一步都是為了更深的覺醒，為了更真實的自我。你正在旅途上，請繼續前行，因為，你的終點，將是最美的風景。

每個人都有屬於自己的時區，既不會太快也不會太慢，我們不必把自己的時區與他人相比，並要相信生命中的一切都有美好的安排。

　　結束這本書，個人誠摯邀請您繼續探索和追求自己的天命內驅力，不斷啟發和發展自己的潛力，並將您的價值觀與使命融入日常生活中。祝您在自我實現的旅程中取得驚人的成果，實現自己的夢想和願景！

國家圖書館出版品預行編目(CIP)資料

認知覺醒：發掘天命內驅力的能量之旅/林文欣著. -- 初版.
-- 臺北市：八方出版股份有限公司, 2023.11
　　面；　公分
ISBN 978-986-381-237-1(平裝)

1.CST: 靈修 2.CST: 修身

　192.1　　　　　112018795

認知覺醒

發掘天命內驅力的能量之旅

2023年11月27日 初版第1刷　定價320元

著　　　者	林文欣
總 編 輯	洪季楨
編　　　輯	葉雯婷
封 面 設 計	王舒玗
發 行 所	八方出版股份有限公司
發 行 人	林建仲
地　　　址	台北市中山區長安東路二段171號3樓3室
電　　　話	(02)2777-3682
傳　　　真	(02)2777-3672
總 經 銷	聯合發行股份有限公司
地　　　址	新北市新店區寶橋路235巷6弄6號2樓
電　　　話	(02)2917-8022 · (02)2917-8042
製 版 廠	造極彩色印刷製版股份有限公司
地　　　址	新北市中和區中山路2段340巷36號
電　　　話	(02)2240-0333 · (02)2248-3904
郵 撥 帳 戶	八方出版股份有限公司
郵 撥 帳 號	19809050